POÉSIES DIVERSES

ET PIÈCES INÉDITES

DE

Lattaignant

TIRAGE A PETIT NOMBRE

POÉSIES DIVERSES

ET PIÈCES INÉDITES

DE

Lattaignant

CHANOINE DE REIMS

Avec une Notice bio-bibliographique

PAR

ERNEST JULLIEN

PARIS

A. QUANTIN, IMPRIMEUR-ÉDITEUR

7, RUE SAINT-BENOIT

1881

NOTICE SUR LA VIE

ET LES ŒUVRES DE LATTAIGNANT.

ABRIEL-CHARLES *de Lattaignant appartient à cette pléiade d'abbés galants et beaux esprits dont les nombreuses et faciles productions charmèrent les loisirs de nos pères. Si son nom n'est plus connu aujourd'hui que des bibliophiles, pendant la plus grande partie du* XVIIIe *siècle, on chantait partout de joyeux couplets dus à sa verve inépuisable, et Bachaumont pouvait lui décerner le titre de* grand chansonnier [1].

---

1. *Mémoires*, 12 avril 1775.

J'ai passé ma longue jeunesse
Dans la fougue des passions,
Dans les plaisirs et la paresse,
Sans soins, sans occupations.

Tel était l'aveu du galant abbé, quand, à soixante-douze ans, se retirant chez les pères de la Doctrine chrétienne, il jetait un regard sur sa vie passée. Sans mélancolie comme sans regret, il ajoutait encore :

J'ai fait un assez long voyage ;
Si je m'en plaignois, j'aurois tort :
Je n'ai guère éprouvé d'orage
Et j'ai joui d'un heureux sort.

La Providence, en effet, traita en véritable enfant gâté celui qu'on appelait à Paris et à Reims le nouvel Anacréon. Sauf la régularité des traits, défaut dont il plaisantait volontiers [1], *elle lui prodigua tous les dons. Esprit gracieux et fin, poëte, dénué d'ambition, sans nul souci de l'avenir, d'un commerce charmant, recherché*

---

1. « Deux Anglais, en partant de Paris pour aller à Rheims, avoient demandé ce qu'il y avoit de curieux à voir; on leur avoit indiqué l'abbé de Lattaignant, connu, comme nous venons de le dire, par les grâces de son esprit, et qui étoit chanoine de cette ville. Ils mirent donc son nom à la suite des choses curieuses qu'ils devoient voir à Rheims. Arrivés dans cette ville, après avoir parcouru ce qu'il y avoit de remarquable, ils se rendent chez l'abbé de Lattaignant, au moment où il alloit se mettre à table avec une nombreuse société d'hommes et de dames qu'il avoit invités. Les deux Anglais se font annoncer; il va au-devant d'eux : ils le regar-

partout et par tous, Lattaignant s'estimait vraiment heureux de vivre ; aussi sa douce philosophie, peut-être trop épicurienne, son inaltérable gaieté si franche, si communicative, en font-elles un type original curieux à étudier.

Lattaignant naquit à Paris dans le courant de l'année 1697. Sa famille était originaire de Picardie. Haudicquet de Blancourt, dans son Nobiliaire de Picardie, la fait remonter à Jean de Lattaignant, qui servait en qualité d'homme d'armes des ordonnances du roi en l'an 1342. Elle portait d'azur à trois coqs d'or. Gabriel de Lattaignant, seigneur du Vivier, fut tué à Guinegatte, en 1513, et Pierre, son fils, périt au siège d'Hesdin, en 1537. Le galant abbé descendait d'un fils cadet de Pierre ; sa branche possédait les seigneuries de Blengues, du Gallet et de Beussingue, près Calais. Elle compta parmi ses membres plusieurs magistrats du parlement de Paris. La Chenaye-Desbois[1] cite notamment comme ayant appartenu à cette juridiction :

1° Gabriel de Lattaignant, seigneur du Gallet et de Beussingue, époux de Jeanne de Montescot, reçu con-

---

dent des pieds à la tête sans mot dire. L'un le prend par le bras et le fait pirouetter pour l'examiner par derrière, et dit à l'autre : *Lui être laid, mais lui n'avoir rien de curieux*, et ils se retirèrent avec le plus grand sang-froid. Qu'on juge des éclats de rire de toute la compagnie ! L'abbé de Lattaignant prit lui-même la chose en riant, et ses propos facétieux ne contribuèrent pas peu à augmenter la vivacité des plaisanteries. » (Dugast de Bois-Saint-Just. *Paris, Versailles et les provinces au* XVIII*e siècle*. Paris, 1811, t. II, p. 114.)

1. *Dictionnaire de la noblesse*, DE LATTAIGNANT.

seiller le 13 mai 1639, passant à la grand'chambre, le 13 septembre 1676, et mourant le même jour.

2° Alexandre de Lattaignant, seigneur aussi du Gallet et de Beussingue, fils aîné du précédent; époux de Marie-Marthe-Gabrielle de Bragelongue, reçu conseiller le 21 août 1676.

D'après l'Almanach royal, en 1713, un Lattaignant, conseiller de la deuxième chambre des enquêtes, venait siéger à la grand'chambre; un autre lui succédait alors à la deuxième des enquêtes, et y restait jusqu'en 1749, pour aller à son tour prendre place à la grand'chambre. Enfin, le 28 février 1749, de Lattaignant de Bainville était installé à la deuxième des enquêtes. Ce dernier, que les devoirs du palais n'empêchaient pas de cultiver les lettres, vit recevoir, en 1751, à la Comédie-Française, le Fat, comédie en cinq actes et en vers, tandis que Marmontel présentait sa tragédie d'Égyptus. L'heureux conseiller prétendit être joué le premier ; mais le succès ne répondit pas à une telle impatience : le public, goûtant peu la pièce, l'accueillit par des sifflets [1].

Le père du grand chansonnier du XVIII° siècle s'appelait aussi Gabriel ; il ne semble pas avoir jamais revêtu la robe du magistrat. Le 8 mars 1686, faisant baptiser son fils aîné Pierre, à la paroisse de Saint-Sulpice de Paris, il prenait seulement dans l'acte le titre de sei-

---

[1]. Clément, *Nouvelles littéraires*, la Haye, 1754, t. II, p. 49. Clément dit que Lattaignant de Bainville était frère du poète; il doit y avoir là une erreur, car nulle part, soit dans ses poésies, soit dans les quelques lettres que nous avons de lui, Lattaignant ne fait allusion à ce frère.

gneur de Grangemenant-en-Brie[1]. *Quoi qu'il en soit, Lattaignant fut élevé au milieu de ce monde de parlementaires, où les siens occupaient une position honorable et s'étaient acquis de précieuses amitiés. Autour de lui les muses comptaient de nombreux adeptes et l'on aimait les plaisirs de l'esprit. Certaines dames même savaient tourner galamment un couplet. M*^{lle} *Dumoulin, sa parente, fit ainsi un jour en chanson les portraits de la duchesse d'Antin et du jeune marquis de Gondrin*[2]. *A Mons, maison de campagne près Athis, sa cousine, M*^{me} *Sanson, femme d'un receveur des consignations, une des plus jolies personnes du temps, avait toujours bonne compagnie. Les gens de lettres ne dédaignaient pas de venir grossir la cour de la dame. Au premier rang, brillait Godart de Beauchamps, auteur de nombreux ouvrages dramatiques, de romans et des* Recherches sur les théâtres en France[3]. *Dans une semblable atmosphère, le goût naturel de Lattaignant pour la poésie se développa bien vite; vraisemblablement aussi, il eût voulu s'y livrer tout entier. Pierre*[4], *son frère aîné, qui se qualifiait de sei-*

---

1. Jal, Dictionnaire critique de biographie et d'histoire, DE LATTAIGNANT. Dans un acte constatant la bénédiction de la chapelle du château de Grangemenant, le 12 novembre 1696, Gabriel de Lattaignant est aussi seulement qualifié de *seigneur dudit château de Grangemenant*. (Greffe du tribunal civil de Coulommiers, *Registre des baptêmes, etc., de la paroisse d'Amillis, pour l'année 1696*.)

2. *Poésies de l'abbé de Lattaignant*, éd. de l'abbé de La Porte, t. IV, p. 26.

3. Pierre-François Godart de Beauchamps naquit à Paris, en 1689, et y mourut le 12 mars 1761.

4. Pierre n'était que le frère consanguin du poète. Sa mère,

gneur de Grangemenant, Aulnoy et autres lieux, devenu chef de la famille par suite de la mort de Gabriel de Lattaignant, en décida autrement.

Parmi nos vieilles chansons populaires, il en est une qu'on ne connaît plus guère que par son refrain : c'est la chanson « J'ai du bon tabac dans ma tabatière ». L'auteur oublia de la signer, cependant elle est généralement attribuée à Lattaignant et Marion du Mersan, autorité fort compétente en pareille matière, incline en faveur d'une semblable supposition. On y retrouve en effet la facture du poète, la même admiration qu'il professait pour Voltaire, ainsi que certaine allusion à son nez dont l'exubérance lui fut si souvent reprochée. Le troisième couplet de cette chanson explique comment,

Hélène Lallemand de Lestrée, mourut en lui donnant le jour. (La Chenaye-Desbois, *Dictionnaire de la noblesse*, article LATTAIGNANT.) Après la mort de Mlle de Lestrée, Gabriel de Lattaignant se remaria; de cette seconde union naquirent Gabriel-Charles de Lattaignant, ainsi que plusieurs filles, notamment la baronne de Bazoches, à laquelle le galant abbé adressa quelques-unes de ses œuvres. Pierre de Lattaignant épousa une demoiselle Nicole Le Petit de la Grand-Cour, qui mourut à Reims chez son beau-frère, comme le constate l'extrait suivant des registres de la paroisse de Saint-Denis :

« L'an de grâce mil sept cent quarante-trois, le vingt-un novembre, est décédée Nicolle Le Petit de la Grand-Cour, épouse de Pierre de Lattaignant, chevaillier, seigneur de Grangemenant, Aulnoy et autres lieux, laquelle, âgée de cinquante-huit ans, a été inhumée le jour suivant par nous prieur curé dans cette église, avec les cérémonies accoutumées, en présence de messieurs les parents qui ont signé avec nous : DE LATTAIGNANT; MARIE DE LATTAIGNANT; G.-C. DE LATTAIGNANT, *chanoine de Reims*; PRÉVOST; MARYE, *prieur*.

sans vocation pour la vie ecclésiastique, Lattaignant devint abbé :

> Un noble héritier de gentilhommière
> Recueille, tout seul, un fief blasonné ;
> Il dit à son frère puîné :
> « Sois abbé, je suis ton aîné ! »
> J'ai du bon tabac dans ma tabatière,
> J'ai du bon tabac, tu n'en auras
> Pas.

Il lui fallut donc entrer au séminaire des Bons-Enfants. Les familles nobles ou de haute bourgeoisie n'en usaient pas alors autrement vis-à-vis de leurs cadets. Quand la vocation venait seconder la soumission aux volontés paternelles, ceux-ci, après avoir reçu les ordres, occupaient rapidement une place distinguée parmi ce grand clergé de France, si respecté et si digne de l'être par sa science, comme par ses vertus. Un oncle de notre auteur, Louis de Lattaignant, religieux de Saint-Victor de Paris, était devenu ainsi prieur de cette abbaye[1] et de Bussy-le-Roi, dans le diocèse d'Orléans[2]. Mais, lorsque la vocation faisait défaut, les cadets de famille se contentaient de porter l'habit ecclésiastique, et, grâce à lui, la feuille des bénéfices avait toujours pour eux, en commende, de riches abbayes, des prieurés bien rentés ou de simples prébendes de chanoines.

---

1. *Bibliothèque nationale, fonds Saint-Germain*, 1017, 709, 1-6, Lettre de M. de Lattaignant, docteur et prieur de Saint-Victor, à Mgr l'évêque de Valence (22 mai 1703).

2. La Chenaye-Desbois, *Dictionnaire de la noblesse*, De Lattaignant.

La vie trop sérieuse du séminaire ne pouvait convenir à Lattaignant. En compagnie de son ami Turodin, futur chanoine de Boulogne, il passait le plus souvent le temps à tourner en ridicule le bon abbé Philopal, supérieur de la pieuse maison[1]*; aussi au sortir des Bons-Enfants prit-il seulement le petit collet. Peu à près, un de ses parents, Poncet de la Rivière, grand vicaire de Séez, crut être plus persuasif que ne l'avaient été les habiles et savants professeurs du séminaire. Le grand vicaire donnait alors une mission à Mortagne où Lattaignant était venu le voir. L'illusion fut de courte durée, car, en rentrant à Paris, l'ancien élève des Bons-Enfants adressa presque aussitôt au trop zélé prédicateur ces vers pleins de malice :*

> Aimable et cher semi-prélat,
> Bien digne d'un plus haut état,
> Charmant apôtre de Mortagne,
> Qui dans vos prédications
> Et saintes conversations,
> Parlez d'or et jamais ne battez la campagne,
> Encore une exhortation,
> Cousin[2], et ma conversion
> Par vous était escamotée
> A mon digne et fameux pasteur,
> A cet illustre et savant directeur,
> Qui plus d'une fois l'a tentée
> Sans en venir à son honneur.

Mais, quoique ayant revêtu le petit collet, Lattaignant n'avait encore obtenu aucun bénéfice. Le jeune abbé

---

1. *Poésies de Lattaignant*, t. 1er, p. 195.
2. Mathias Poncet de la Rivière, né à Paris en 1708, fut

accompagna à Turin la ravissante comtesse de Cambis[1], *femme de l'ambassadeur de France auprès du roi de Sardaigne.*

Sous l'inspiration de sa mère, dont la fortune était restreinte et qui avait des filles à marier, il essayait alors de trouver sa voie dans la diplomatie ; cette tentative ne fut pas couronnée de succès. Au moment du départ, la perspective d'un changement d'existence, le plaisir de pouvoir sans cesse offrir ses hommages à une des plus gracieuses femmes de l'époque, lui avaient fait dire à la comtesse :

> Je quitte Paris,
> Enfin le dessein en est pris :
> Je suis les jeux, les plaisirs et les ris
> Et toute la cour de Cypris,
> Qu'à Turin mène Iris.
> On est partout dans sa patrie,
> Quelque part qu'on soit, quand on est bien
> J'y passerois toute ma vie :
> Près de vous tout pays est le mien ;
> Et quand on vous a, l'on ne regrette rien.

Malheureusement, à cet enthousiasme du premier moment, succédèrent rapidement d'autres sentiments chez Lattaignant. La maison de M. de Cambis était des plus

---

sacré évêque de Troyes, le 2 septembre 1742, et se démit de ses fonctions en 1758. Il était arrière-petit-fils de Pierre Poncet, seigneur de la Rivière et de Gournay, conseiller d'État ordinaire et au Conseil royal, qui avait épousé une demoiselle Catherine de Lattaignant.

1. Catherine-Nicole Gruyn, née en 1704 ou 1705, morte le 10 avril 1765.

hospitalières ; parfois aussi, quelque jolie élève de Baptistin[1], *égarée en Piémont, priait le jeune attaché d'ambassade de l'accompagner sur le clavecin ; il y avait encore les parties en traîneau. Certaine même lui inspira cette chanson pleine d'humour et d'entrain :*

> Courir en traîneau sur la neige,
> Au milieu d'un nombreux cortège,
> La peine passe le plaisir.
> Auprès du feu tenir Climène,
> Tout doucement l'entretenir,
> Le plaisir passe la peine.
>
> Tous les plaisirs sont fantaisie :
> Les prendre sans goût, on s'ennuie ;
> La peine passe le plaisir.
> Mais quand la passion entraîne,
> Qu'un objet a su nous saisir,
> Le plaisir passe la peine.
>
> Mener la maîtresse d'un autre
> Qui de son côté tient la nôtre,
> La peine passe le plaisir.
> Mais quand chacun conduit la sienne,
> Que l'amour a su nous unir,
> Le plaisir passe la peine.

Les agréments d'une pareille existence ne compensaient pas cependant aux yeux de Lattaignant quelques ennuis inhérents à la vie diplomatique. Il déplorait notamment

---

[1]. Jean-Baptiste Stück, dit Baptistin ou Batistin, compositeur et virtuose, était né à Florence ; il mourut à Paris en 1745. Il composa beaucoup de cantates qui eurent le plus grand succès.

amèrement la froideur dont la plupart des sujets de Sa Majesté sarde usaient vis-à-vis de l'ambassade française par ordre de leur souverain ; en outre Mme de Lattaignant dénouait rarement les cordons de sa bourse, aussi écrivait-il à Mme Gruyn[1], mère de Mme de Cambis :

>Je suis ici dans l'abondance,
>La grande chère et la bombance,
>J'y fais grand fonds de sapience,
>Je me tais beaucoup par prudence,
>Et ne dis point ce que je pense,
>S'il peut tirer à conséquence,
>A cause de la manigance
>Qui s'y pratique à toute outrance.
>Nous y sommes dans l'indolence,
>Car le monarque a fait défense
>A ses sujets, par prévoyance,
>D'avoir avec nous accointance,
>Même espèce de connoissance.
>Donc du train dont ceci commence,
>Nous aurons souvent repentance
>Qu'entre nous soit tant de distance
>Et le lieu de notre naissance.
>. . . . .
>Je trancherois de l'éminence
>Et ferois l'homme d'importance,
>Si j'avois un peu de finance.
>Je vous supplie avec instance
>D'implorer pour moi la clémence
>De ma mère, et qu'en diligence
>Elle aide un peu mon indigence
>Je vous en enverrai quittance.
>Rien ne faut pour ma subsistance ;

---

[1]. Mme Gruyn était femme d'un garde du Trésor royal; elle mourut en 1753.

Mais n'est-il que cette dépense,
Quand on veut vivre avec aisance [1] ?

Mme de Lattaignant se laissa peu toucher par les doléances de son fils; presque aussitôt en effet Mme Gruyn, empruntant la plume de M. de Flossac [2], répondit ainsi à la dernière partie de l'épître :

Pour la maman, dit qu'à votre indigence
Elle ne peut prêter son assistance
Encor si tôt ; qu'à vos rimes *en ence*
Vous ajoutiez le mot de *patience*,
En attendant qu'elle ait plus de finance [3].

Lattaignant avait encore une autre confidente de ses ennuis : c'était Mme Sanson. Pour l'intéresser en sa faveur, il lui disait :

Loin de vous, belle coquine,
Point de rose, tout est épine ;
Un souvenir qui m'assassine
M'enlève mon humeur badine.
. . . .
Oh ! la dangereuse machine
Pour notre espèce masculine
Qu'une carcasse féminine.
Qu'habite une âme un peu maline !

Loin de compatir aux tristesses du jeune diplomate, la jolie cousine s'égayait assez volontiers sur le prétendu

---

1. *Poésies de l'abbé de Lattaignant*, t. Ier, p. 14.
2. M. de Flossac était un des premiers commis du Trésor royal.
3. *Poésies de l'abbé de Lattaignant*, t. Ier, p. 17.

sort fatal qui retenait celui-ci à Turin; de son côté, interprète fidèle de Mme Sanson, Godart de Beauchamps savait trouver des rimes en in, où, sans façon, il traitait l'admirateur de Mme de Cambis

de Benjamin,
D'abbé coquet, d'abbé poupin [1].

L'exil eut enfin un terme et Lattaignant put rentrer dans ce Paris qu'il aimait tant. Dès ce moment, les mille incidents de la vie, les évènements survenant à la cour, à la ville, au sein de sa famille, dans le monde littéraire, voire même au théâtre, servent d'aliments à cette intarissable verve que ses contemporains admiraient en lui. Ce ne sont qu'épîtres, odes, stances, bouquets, épigrammes, portraits, inscriptions, épithalames et chansons. Grâce à ces petits poèmes, Lattaignant apparaît tel qu'il était réellement. Bien mieux que dans les graves biographies, on y reconnaît l'aimable poète dont le financier Tannevot [2] célébrait de la sorte les qualités si précieuses et si sympathiques :

De l'enjouement, de la saillie,
Une ingénieuse folie
Qui, bien loin de l'exclure, adopte le bon sens;
L'art de faire chanson jolie
Et d'y joindre de doux accents
Du ciel en ta faveur sont les heureux présents [3].

1. *Poésies de l'abbé de Lattaignant*, t. Ier, p. 11.
2. Tannevot (Alexandre), premier secrétaire du contrôleur général de Boullongne et censeur royal. Il naquit à Versailles en 1692, et mourut à Paris en 1773.
3. *Poésies de l'abbé de Lattaignant*, t. Ier, p. lv.

Quoique transfuge de la brillante cour tenue en Sardaigne par l'ambassadrice de France, Lattaignant reçut dès son arrivée à Paris le meilleur accueil de la part de la mère de Mme* de Cambis. M*^{me}* Gruyn, femme excessivement aimable, ainsi que l'atteste le duc de Luynes*[1], *aimait à réunir autour d'elle de jolies personnes et des gens d'esprit. Dans ce cercle charmant le jeune poète avait souvent plus que son franc parler; la marquise de Saint-Chaumont notamment, sœur de M*^{me}* de Cambis, permettait qu'il lui adressât des chansons telles que celle-ci:*

> Pour mon *aimable maîtresse*
> Le dieu du Permesse
> Ne m'inspire presque rien;
> Mais le dieu de la tendresse
> En revanche me sert bien.
> Phœbus, ton feu ne vaut pas le sien.
> En vain je veux faire un couplet,
> L'esprit se perd dans le sujet,
> Et le cœur s'occupe de l'objet [2].

Dans le monde du parlement, les choses prirent encore un tour plus galant. La femme d'un des présidents de la première chambre des enquêtes, Mme* Masson*[3], *écrivait à Lattaignant:*

> Puisqu'il faut au dieu d'amour
> Que chacun cède à son tour,
> Je veux être ta *maîtresse:*

---

1. *Mémoires.* Janvier 1753.
2. *Poésies de l'abbé de Lattaignant*, t. III, p. 84.
3. François-Gaspard Masson fut nommé président de la première chambre des enquêtes du parlement de Paris, le 20 décembre 1731.

Ton bonheur sera le mien;
Mais jouis de ma tendresse,
Sans faire semblant de rien[1].

A d'aussi jolis vers, l'heureux destinataire répondait:

Pourquoi, quand du tendre Amour,
Vous avez quitté la cour,
Et déserté d'un empire
Dont vous étiez le soutien,
Vouloir encor me séduire,
Sans faire semblant de rien?

Pour ranimer mon ardeur,
Un discours aussi flatteur,
Iris, est peu nécessaire:
N'employez aucun moyen;
Vous ne savez que trop plaire,
Sans faire semblant de rien[2].

Ailleurs, certaine veuve appelait Lattaignant son époux. Enfin la marquise de Puisieux, femme du secrétaire d'État aux affaires étrangères, ne dédaignait pas de le traiter comme un fils; de là ces vers à la comtesse d'Estrées:

Puisieux m'adopte dans ce jour;
On va me prendre pour l'Amour,
Tant elle ressemble à sa mère;
Mais ce choix gêne un peu mon cœur:
Puisque je deviens votre frère,
Je ne dois pas aimer ma sœur[3].

---

1. *Poésies de l'abbé de Lattaignant*, t. III, p. 119.
2. *Ibidem*, p. 120.
3. *Ibidem*, p. 129.

Le sémillant abbé était non moins bien vu de Mme de Boullongne, si bonne, et cependant douée de la finesse la plus exquise. M. de Boullongne[1], *premier commis, intendant, puis contrôleur général des finances, avait quelques années de plus que Lattaignant ; une étroite intimité unissait leurs deux familles, aussi se connurent-ils de bonne heure et conçurent-ils l'un pour l'autre une de ces affections que la différence des situations n'altéra jamais. Les chansons du poète amusaient le contrôleur général ; il en chantait volontiers les couplets. C'était alors un succès pour leur auteur, car M. de Boullongne, alliant de la légèreté dans la voix à beaucoup d'esprit, savait faire ressortir certains traits malins ou de fine galanterie. Lattaignant se trouvait du reste presque chez lui, à Paris, dans le fastueux hôtel de son ami, ainsi que dans les ravissantes maisons de campagne que possédait ce dernier à Auteuil et à la Chapelle-Godefroy*[2]. *Il en était de même à Pantin, où résidait le plus souvent le riche fermier général M. de Beaufort, père de Mme de Boullongne ; à Brou, chez M. de Boullongne le fils, et dans le beau domaine de la Bove appartenant à M. de Caze, intendant de la généralité de Champagne, un des gendres du contrôleur général. La famille du célèbre financier en fut véritablement une seconde pour Lattaignant. Le poète se garda bien de l'oublier ; de là les plus joyeux refrains le jour de la Saint-Louis, fête du patron*

---

1. Jean de Boullongne, né le 13 octobre 1690, mort en 1769, était fils du peintre Louis Boullongne. Il dut une grande partie de sa faveur auprès de Louis XV à la marquise de Pompadour.

2. Près Nogent-sur-Seine (Aube).

de Mme de Boullongne, à la Saint-Pierre, pour M. de Beaufort et à la Saint-Jean, en l'honneur de son Mécène. M. de Boullongne l'était bien en effet; grâce à lui, chaque année, Lattaignant obtenait sur le Trésor royal une ordonnance de deux mille livres. Cette faveur était des plus précieuses, car toujours en fonds quant à l'esprit, le malheureux abbé, d'humeur trop prodigue, répétait volontiers :

Seigneur, j'ai grand besoin d'argent [1].

Mme de Boullongne tolérait beaucoup de choses de la part de l'ami de son mari ; certain jour ayant exigé qu'il traçât d'elle un portrait, où, loin de la flatter, il mettrait en relief ses défauts, celui-ci s'exécuta de la manière suivante :

Quand l'auteur de la nature
Composa votre aimable figure,
Content de l'architecture,
Il a fait le dedans moins parfait.

De l'esprit, mais de la malice,
Des sentiments avec du caprice,
Pétulante,
Mordicante,
Trait pour trait,
Voilà votre portrait,

Quand, etc.

Douce et fière,
Tendre et sévère,

---

1. *Poésies de l'abbé de Lattaignant*, t. Ier, p. 246.

Vouloir tout charmer,
Ne rien aimer,
Courageuse,
Scrupuleuse,
Craignant tout et ne croyant rien,
Et coquette et vertueuse,
Pensant mal, faisant toujours bien.

Quand[1], *etc.*

Piqué au jeu peut-être, le modèle riposta sur le même air :

Oui, je veux d'après nature
Vous montrer une étrange figure.
Voyez un diable en peinture,
Trait pour trait
Ce sera son portrait.

Parlons un peu du caractère :
Badin, léger, mais ami sincère.
A sa honte
Il raconte
Ce qu'il sait
Et tout ce qu'il a fait.

Oui, je veux, *etc.*

Il babille,
Parfois il brille,
Fait bien un couplet,
Chante en fausset.
Ses saillies,
Ses folies
Font souvent tout son entretien.

1. *Poésies de l'abbé de Lattaignant*, t. II, p. 227.

>   Filles laides ou jolies,
> Tout est bon, rien ne le retient.
>
>   Oui, je veux [1], *etc.*

Tel était bien l'hôte habituel de Mme *de Boullongne. Pour s'en convaincre, il suffit de rapprocher du portrait si finement esquissé par cette dame le joli madrigal qu'envoya le galant abbé à quelque beauté un peu trop jalouse :*

>   Vous vous plaignez injustement,
>   Iris, que mon cœur se partage,
>   Qu'il est sujet au changement,
>   Que je suis ingrat et volage.
>   J'offre mon encens et mes vœux
> Partout où de l'Amour je rencontre l'image :
>   Je l'adore dans vos beaux yeux ;
>   Quand je le trouve en d'autres lieux
>   Je lui rends un pareil hommage [2].

Tant de sincérité, mieux vaudrait dire tant de naïveté, ne saurait surprendre ; beaucoup de contemporains de Lattaignant faisaient volontiers de semblables aveux. Le XVIIIe *siècle, époque de scepticisme, ignorait ces grandes passions, non moins respectueuses que dévouées, dont les beaux temps de la chevalerie fournissent de si nombreux exemples. Presque divinisé jusqu'à la mort de Louis XIV, l'amour descend pendant la Régence des sphères éthérées où la société française s'était plu antérieurement à le placer. Perdant ainsi de*

---

1. *Poésies de l'abbé de Lattaignant*, t. II, p. 230.
2. *Ibid.*, p. 11.

son idéal, il devient une distraction, une sorte de passe-temps ; le type de l'homme adoré des femmes est alors le duc de Richelieu, qui ne compte plus ses maîtresses. Certains abbés aux mœurs légères suivaient l'exemple du noble duc, et, au sortir de quelque mystérieux tête-à-tête, ils répétaient avec Lattaignant :

L'abbé triomphe du plumet,
   V'là c'que c'est qu'un p'tit collet.
On le croit prudent et discret,
     Et la plus sévère
     Consent à tout faire,
Pourvu que ce soit en secret :
   V'là c'que c'est qu'un p'tit collet [1].

Fréron comparant le Parnasse à un beau parc, dans lequel les poètes auraient été « métamorphosés en arbres analogues à leurs talents », appelait Lattaignant un chansonnier « parce qu'il n'y avait », disait-il, « qu'à le secouer pour qu'il en tombât des chansons en quantité [2] ». Personne en effet ne composa autant de galants couplets, sur les sujets les plus variés et avec une telle rapidité ; souvent à peine étaient-ils demandés, que l'auteur s'empressait de les chanter. Cette merveilleuse facilité, jointe au caractère le plus aimable, ainsi qu'à un grand goût pour la société des femmes, explique les succès de Lattaignant dans les divers milieux où son éclectisme lui permettait de passer tour à tour. Parmi les gens de lettres, des jaloux l'attaquaient bien un peu ; ils savaient faire

---

1. *Le Petit Collet.*
2. *Année littéraire*, 1758, t. III, p. 281.

ressortir ces négligences et ces imperfections, conséquences inévitables de toute improvisation. Mais, en véritable enfant de la gaie science, le poëte, rien moins que soucieux de la célébrité, répondait aux trop austères critiques :

> Je ne rime que pour rire,
> C'est le plaisir qui m'inspire,
> Et tous mes vers sont exquis,
> S'ils amusent mes amis[1].

Au nombre de ces derniers, Lattaignant comptait beaucoup de femmes reconnaissantes de tant de jolies stances, de fines chansons et d'aimables portraits en l'honneur de leur beauté, de leur esprit ou de leur cœur. Mmes Sanson, Gruyn, de Saint-Chaumont, de Cambis, de Puisieux et de Boullongne ont déjà été citées ; on ne saurait non plus oublier la princesse de Rohan, les duchesses de La Vallière et d'Antin, les marquises de Beaufremont et de Gabriac, la comtesse de Brionne, Mmes de Pomponne, de Gamache, d'Hérouville, Geoffrin, et de La Martelière. Au parlement, en dehors de la peu discrète présidente Masson, il y avait encore Mmes de Maupeou, Portail, de Vernouillet, d'Armaillé et de Vielsmaisons. Quant au théâtre, il était représenté par Mlles Camargo, Dangeville, Gaussin, Clairon, Leduc, Petitpas, Coraline et par Mme Favart.

Lattaignant possédait au suprême degré l'art précieux de faire une déesse de la femme, même la moins pourvue de charmes. La comtesse d'Estrades, cousine et amie peu

---

1. La Critique.

fidèle de la marquise de Pompadour, devenait ainsi dans ses vers une Hébé; cependant, si la laideur de cette dame ne répugnait pas au comte d'Argenson, qui se trouvait de la sorte au courant des agissements de la maîtresse de Louis XV, elle est attestée par beaucoup de contemporains[1]. *Quel modèle eût pu dès lors refuser sa bienveillance au gracieux peintre? Certains eurent pour lui plus que de l'amitié: c'était un abbé de beaucoup d'esprit,* « *son gros minois picoté*[2] » *le rendait peu compromettant, puis il savait si bien dire:*

>   Non, la fidélité
>   N'a jamais été
>   Qu'une imbécillité.
>   J'ai quitté
>   Par légèreté
>   Plus d'une beauté :
>   Vive la nouveauté !
>   Mais quoi! la probité,
>   Puérilité....
>   Le serment respecté,
>   Style usité.....
>   A-t-on jamais compté

---

1. *Bibliothèque des Mémoires relatifs à l'histoire de France pendant le* XVIIIe *siècle, Mémoires de Marmontel*, page .192, et *Collection des Mémoires relatifs à la Révolution française, Mémoires de* Mme *du Hausset*, p. 117. — Charles-Jean, comte d'Estrades, tué à Dettinghem, en 1743, mari de la comtesse, avait, pour mère, une sœur de M. Lenormant, fermier général, oncle de M. d'Étioles. La comtesse d'Estrades, de son nom, Huguet de Sémonville, était ainsi cousine par alliance de Mme de Pompadour (de Luynes, *Mémoires*, septembre 1745).

2. *Poésies de l'abbé de Lattaignant*, t. Ier, p. 80.

> Sur un traité
> Dicté
> Dans la volupté
> Sans liberté[1] ?

Malgré son indifférence peut-être plus apparente que réelle, Lattaignant connut néanmoins les cruels tourments de la jalousie. Une Iris dont l'abbé de La Porte révèle le nom, Mlle *de Marville, se plut souvent à le torturer, en dépit de cette charmante promesse :*

> Des plus beaux bergers du village
> Mon cœur ne peut être tenté :
> Adonis me rendroit hommage,
> Sois sûr de ma fidélité,
> Tu plairas toujours davantage ;
> L'esprit vaut mieux que la beauté[2].

Le poète trahi dans sa foi exhala de trop vives plaintes, et un ami dut lui rappeler que les infidélités d'une maîtresse ne dispensent pas un amant de respecter l'idole à laquelle il a sacrifié.

Après avoir prodigué l'encens en l'honneur de très nombreuses beautés, Lattaignant, oubliant qu'il avait la quarantaine bien sonnée, voulut quitter le petit collet et épouser une délicieuse enfant de seize ans. Celle qui le captivait alors s'appelait Mlle *Clarisse Michel ; elle était nièce des deux abbés Guéret, l'un le vénérable curé de*

---

1. *Chansons choisies avec les airs notés*, Genève, 1782, t. II, p. 116.
2. *Poésies de l'abbé de Lattaignant*, t. IV, p. 89.

Saint-Paul, l'autre docteur en Sorbonne, grand théologien et directeur à la mode. Le théologien, que la science de saint Thomas n'empêchait pas de rimer au besoin un joli sonnet, assez inquiet des progrès faits dans le cœur de sa nièce par le trop aimable abbé, adressa à celui-ci une épître en vers pleine de reproches; il le comparait notamment au serpent. La réponse de Lattaignant ne se fit pas attendre. Sous un gracieux badinage, mais avec la plus entière franchise, il y dépeignait ainsi ses sentiments :

> Je pourrois, à juste raison,
> Être piqué de la comparaison.
> Dis que je suis plus laid qu'un diable,
> Que mon minois n'a rien d'aimable,
> J'en conviens ; si j'osois en prendre le parti,
> Le plus petit miroir, témoin irréprochable
> M'en donneroit le démenti.
> Mais, pour le cœur et pour le caractère,
> Que vois-tu donc en moi qui tienne du serpent ?
> Est-ce être suborneur que de chercher à plaire ?
> M'as-tu connu fourbe et rampant ?
> Je n'ai toute ma vie été que trop sincère.
> Ne peut-on louer sans flatter
> Et sans avoir le dessein de séduire
> Un jeune objet qui sut nous enchanter ?
> Est-ce un crime de le lui dire ?
> Mais, quand du démon tentateur
> J'aurois le talent séducteur,
> Quand j'en aurois l'éloquence et l'adresse,
> Que craindrois-tu de la discrète ardeur
> Que je ressens pour ton aimable nièce ?
> N'est-ce pas toi qui, dans son jeune cœur
> As su planter et nourrir la sagesse ?
> Je crois même, mon cher abbé,
> Qu'Ève n'eût jamais succombé,

et les œuvres de Lattaignant.

> Si, pour soutenir sa foiblesse,
> Elle avoit eu toujours auprès de soi
> Un oncle aussi prudent que toi[1].

Invité de nouveau à se départir de prétentions que n'autorisait plus son âge, l'adorateur de Mlle Clarisse Michel écrivait encore à l'abbé Guéret :

> De vos bons et sages avis,
> Cher abbé, je sens tout le prix :
> Fasse le ciel que j'en profite,
> C'est mon dessein assurément ;
> Mais à vous parler franchement,
> La morale qu'on me débite
> Ne me sert que pour un moment.
> Cent et cent fois j'ai fait serment
> D'être plus prudent et plus sage ;
> Qu'il paroisse un joli visage,
> Autant en emporte le vent ;
> Me voilà comme auparavant ;
> Puis, je m'en repens, et j'enrage.
> Je sais qu'à plus de quarante ans
> Il faudroit être raisonnable ;
> Mais il est de certaines gens
> Dont la folie est incurable,
> Et qu'on voit aussi pétulants
> Dans leur hiver qu'en leur printemps.
> J'ai peur d'être de cette espèce,
> Et qu'à me prêcher, à la fin,
> Vous ne perdiez votre latin[2]...

Les sages exhortations de l'abbé Guéret ne laissèrent pas cependant de produire leurs fruits. Peu après, le

---

1. *Poésies de l'abbé de Lattaignant*, t. Ier, p. 27.
2. *Ibid.*, p. 50.

29 juillet 1740, Lattaignant prenait place au chapitre de l'église métropolitaine de Reims, dont il venait d'obtenir la 52ᵉ prébende, et, le 22 décembre de l'année suivante, l'évêque de Laon lui conférait le sous-diaconat[1].

Lorsque Lattaignant arriva à Reims, trente-deux ans s'étaient à peine écoulés depuis la mort de François de Maucroix[2], le condisciple et l'ami de La Fontaine. On s'y rappelait ce bon chanoine chantant la spirituelle Mᵐᵉ de Joyeuse, ainsi que la belle et infortunée marquise de Brosses. Le chapitre de Notre-Dame comptait encore des poètes dans ses rangs : l'abbé Gaudru, ecclésiastique de grande piété, auteur d'une ode latine sur le saint sacrifice de la messe, que Lattaignant traduisit en vers français ; l'abbé de Saulx, recteur de l'Université ; sa muse facile se trouvait incessamment mise à contribution pour les inscriptions des arcs de triomphe élevés par les habitants, lors des solennités publiques, ou pour les compliments à adresser aux grands personnages traversant la ville. D'autres, s'ils n'étaient poètes, ne dédaignaient pas toutefois une douce gaieté[3]. Auprès d'aussi aimables confrères, Lattaignant rencontra un accueil fort empressé.

En dehors du clergé, les maisons les plus recherchées

---

1. Lettre de l'abbé de Lattaignant à Mᵍʳ de Rohan, 13 décembre 1741 (inédite).

2. François de Maucroix, né à Noyon en 1619, mort à Reims en 1708.

3. Certains chanoines de Notre-Dame allaient même quelque peu plus loin. L'un d'eux dressa la liste de ses confrères, en ajoutant à la suite de chaque nom un surnom et une devise ; l'abbé Carbon, à cause de sa maigreur et de sa taille, était ainsi le levreau du chapitre. Lattaignant faisant plus tard allu-

ouvrirent leurs portes au nouveau chanoine; bientôt même parmi ses hôtes il eut de véritables amis. De ce nombre étaient le lieutenant des habitants, Lévêque de

sion à cette liste, après avoir rapproché le bon naturel de son confrère de celui du lièvre, disait à l'abbé Carbon :

   Ce parallèle, à plus d'un titre,
   Ne sauroit vous choquer en rien.
   Qu'il en est peu dans le chapitre
   A qui ce nom aille si bien !
   C'est comme une ménagerie
   De tous différents animaux ;
   Les uns viennent de Barbarie
   Ou du pays des Ostrogoths.
   Comme en toute autre compagnie,
   Les uns sont laids, les autres beaux,
   Quelques-uns sont gens de génie,
   Beaucoup plus d'autres sont des sots ;
   Les uns taxés d'hypocrisie,
   D'autres de bonne foi cagots.
   Si, consultant leur caractère,
   A chacun l'on donnoit un nom,
   J'en sais qu'on nommeroit vipère,
   Plus d'un s'appelleroit mouton.
   On a déjà parmi les nôtres
   Mis l'ours, le singe et le cochon ;
   J'aurois aussi, comme les autres,
   Mon sobriquet et mon surnom :
   Mais je ne fais point d'apostrophe,
   Que le convive assez connu
   Les habille de toute étoffe :
   Au dos je connais un bossu,
   Sans que pour cela je le raille,
   Et, si j'allois faire un couplet
   Sur sa figure ou sur sa taille,
   Je mériterois le sifflet.
   Sans nous mêler de leurs affaires,
   Laissons les gens comme ils sont faits.
   Comme vous avec les confrères,
   Il est si doux de vivre en paix.

Recueil de pièces fugitives de l'abbé de Lattaignant (manuscrit de la bibliothèque de la ville de Reims), p. 27, *Épître à M. l'abbé Carbon*, pièce inédite.

Pouilly, resté célèbre par la Théorie des sentiments agréables; *son frère, le savant Lévêque de Burigny; M. de Courtagnon, grand maître des eaux et forêts de Champagne, et surtout Bergeat, avocat au parlement, lieutenant de police de la ville, un des éminents professeurs de droit à l'université de Reims. Les dames aussi voyaient d'un œil non moins favorable le galant abbé. Il faisait pour elles des chansons, des bouquets, des portraits en vers, toujours gracieusement acceptés, parfois même sollicités; c'est ainsi que reviennent souvent dans ses œuvres les noms de Mmes de Pouilly, Roland, d'Agny, Coquebert, de Savigny, et Aubert; de Mlles Rouillé, de Champeaux, Le Maître, de La Salle et Favart d'Herbigny. Les abbesses de Saint-Étienne, Mmes Tibergeot et de Grieux recevaient volontiers ses visites, et aux jours de fête des révérendes mères, les jeunes pensionnaires de la royale abbaye récitaient des vers de sa façon. Mais celle en l'honneur de laquelle le poète se mit le plus en frais était Mme Le Leu*[1], *la belle et spirituelle Thémire. Il lui dédia un grand nombre de chansons réunies plus tard sous le nom de* Thémiréides.

A l'époque où Lattaignant obtint la cinquante-deuxième prébende de Notre-Dame, l'archevêché de Reims avait

---

[1]. Mme Le Leu, baronne d'Aubilly, née Marie Le Large, d'ancienne noblesse de Champagne, était femme de Nicolas Le Leu, baron d'Aubilly. De leur union naquirent deux enfants : Henri Le Leu d'Aubilly, qui épousa Mlle de Maugras, et Nicole Le Leu d'Aubilly, mariée en premières noces à Pierre-Louis Loisson de Guinaumont, grand-prévôt de la maréchaussée de Champagne, et en secondes au comte de Coulanges.

pour titulaire un grand seigneur fort aimable et de très haute naissance, Son Altesse Mgr Armand-Jules de Rohan-Guéménée[1]. *Ce prélat résidait rarement dans son diocèse et le faisait administrer par des suffragants*[2]. *Mgr de Rohan se souciait peu de l'étiquette; en outre les querelles des jansénistes et des molinistes, alors assez vives à Reims comme dans le reste de la France, le fatiguaient. Il trouvait la vie plus facile soit à Paris, dans le voisinage de sa sœur, l'abbesse de Panthemont, soit à Strasbourg ou au beau château de Saverne, chez son cousin le cardinal de Soubise. La bonne humeur, les saillies de Lattaignant le rendirent en peu de temps un des familiers les plus intimes de l'archevêque. Il accompagnait souvent le prélat dans ses nombreux déplacements, et lui servait parfois de secrétaire. Ainsi, le 6 juillet 1744, il mandait de Strasbourg à Bergeat:*

Notre aimable maître, mon cher bailli, me charge de vous faire réponse pour lui : jugez s'il ne sent pas lui-même combien cette commission est de mon goût et me fait plaisir. Son Altesse m'ordonne de vous dire que c'est avec regret qu'elle est obligée de convenir de la vérité du premier article de votre lettre en date du 1er de ce mois, par lequel vous lui mandiez qu'elle est mieux partout ailleurs qu'à Reims. Il dit qu'il souhaiteroit fort que, pour mieux en juger, vous fussiez témoin de la façon dont il

---

1. Mgr de Rohan, né à Paris, le 10 février 1695, était le sixième fils de Charles III, prince de Guéménée et de Montbazon. Il fut sacré archevêque de Reims à vingt-sept ans, le 23 août 1722, et mourut au château de Saverne, le 28 août 1762.

2. MM. François-Joseph Robuste, évêque de Nitrie, et Henr Hachette des Portes, évêque de Sidon.

est ici, et moi véritablement qui ai le bonheur d'être à portée de juger de cette différence, je puis vous assurer qu'il y en a comme du jour à la nuit, qu'il est esclave à Reims et roi ici. Il n'est entouré ici que de gens de considération et de jolies dames et demoiselles qui s'empressent à lui plaire sans intérêt. Il n'entend point de ces disputes d'école et de parti ; les luthériens ou luthériennes et les catholiques sont cent fois plus d'accord entre eux que nos jansénistes et molinistes ou soi-disant tels ne le sont ensemble. Ici la politesse seconde la charité. Son Altesse espère que l'année prochaine vous en viendrez juger par vous-même.

Reconnaissant de tant de bonté, Lattaignant célébrait dans des vers toujours fort goûtés le séjour de Saverne, ainsi que les vertus des divers membres de la famille de Rohan. Un d'eux était-il attaqué, immédiatement le poète devenait son champion. Le marquis de Beaufremont l'apprit à ses dépens. En décembre 1752, le second fils de Mme de Guéménée ayant prétendu avoir, en vertu d'un privilège concédé par Louis XIV aux Rohan-Soubise, le droit de soutenir sa thèse en Sorbonne, assis dans un fauteuil, ganté et couvert, M. de Beaufremont, au nom de la noblesse française, adressa requête au parlement, pour faire dire que cette faveur ne pouvait être étendue à la branche de Guéménée. Les Rohan prirent tous fait et cause pour leur parent[1] *; mais la querelle cessa bien vite. Une épître de Lattaignant, excessivement mordante et répandue à profusion, couvrit presque aussitôt de ridicule le processif marquis. Le poète lui disait en commençant :*

---

1. De Luynes, *Mémoires*, décembre 1752.

> Je viens de lire le mémoire
> Contre la maison de Rohan :
> Cher Beaufremont, puis-je vous croire
> L'auteur d'un semblable cancan ?
> Ne vous suffit-il pas d'être
> Un illustre et preux chevalier ;
> Pourquoi vouloir encor paroître
> Des mortels le plus singulier ?
> Comment pouvez-vous vous en prendre
> Au meilleur de tous vos amis,
> Vous, fait plutôt pour le défendre
> S'il avoit quelques ennemis [1] ?

Cet ami était l'archevêque de Reims, qui, Guéménée lui-même, avait joui jadis en Sorbonne du privilège revendiqué par un membre de sa branche. M. de Beaufremont passait chez le prélat presque toute sa vie ; il y avait donc ingratitude de sa part à attaquer ainsi indirectement Mgr de Rohan. La liaison de ces deux hauts personnages, hommes d'esprit du reste, mais assez ma-

---

[1]. *Poésies de l'abbé de Lattaignant*, t. Ier, p. 204. — « J'ai prié M. l'abbé Clignet de vous faire part des nouvelles qui regardent Son Altesse et sa maison, et de vous communiquer la lettre en vers que j'ai écrite *currente calamo* au marquis de Beaufremont, en réponse au mémoire qu'il a fait imprimer contre la maison de Rohan, et qu'il m'avoit envoyé lui-même, croyant apparemment que je l'approuverois. Cette réponse a fait plaisir à toute la maison de Rohan, qui n'en fera point faire d'autre à ce mémoire, et l'on en a fait ici plus de 300 copies. Je souhaite que vous l'ayez trouvée de votre goût. Elle est dans le mien tout à fait, c'est-à-dire des vers négligés et prosaïques : mais au moins des sentiments que je crois que vous approuverez. » *Lettre de Lattaignant à Bergeat*, Paris, 25 décembre 1752 (inédite).

lingres, venait de leur foi commune et absolue dans les remèdes d'un charlatan nommé Sigogne ou Cigogne, qui faisait moins de miracles que de dupes. M. de Beaufremont lui avait acheté pour 10,000 *écus d'une certaine huile dite de Vénus*[1]. *Le marquis vantait aussi dans tout Paris la* bouillotte, *sorte de panacée qui n'ayant pas guéri Mgr de Rohan, inspira à Lattaignant ces couplets railleurs :*

Momus, pour animer mes chants,
    Prête-moi ta calotte.
Que n'ai-je les rares talents
    De Voltaire et La Motte[2],
    Pour chanter la bouillotte.

Sigogne, Esculape nouveau,
    L'honneur de ta marotte,
Pour guérir du peuple badeau
    Toute la gent falote,
    Inventa la bouillotte.

Son odeur frappe l'odorat
    Plus qu'ambre et bergamote ;
Son goût exquis et délicat
    D'abord vous ravigote
    Et vive la bouillotte !

. . . .

De cent miracles qu'elle a faits;
    J'ai plus d'une anecdote ;

---

1. De Luynes, *Mémoires*, décembre 1752.
2. Antoine Houdart de La Motte, littérateur, né à Paris, le 17 janvier 1672, mort en 1731.

Beaufremont de tous ces effets
Tient une exacte note ;
Il prône la bouillotte [1].

A la table de l'archevêque, Lattaignant improvisait aussi des chansons. La suivante, faite sur l'abbé Haustome, chanoine de Reims, vieillard octogénaire, et sur un enfant de douze ans, le chevalier de Rohan, atteste la liberté dont jouissaient à cette époque les poètes chez les plus grands dignitaires de l'Église.

Nestor de ce galant rivage,
Cher patriarche des amours,
Pouviez-vous plaire davantage
Quand vous étiez au printemps de vos jours?
Vivez cent ans ; vous charmerez toujours.
Je vois qu'on peut plaire à tout âge.

Vous, pour qui s'ouvre la barrière,
Et qui bientôt prendrez l'essor,
Prince aimable et formé pour plaire,
Vivez ainsi qu'a vécu ce Nestor ;
Modérez-vous, et vous pourrez encor
Pousser plus loin votre carrière [2].

La veille de la Trinité de l'année 1744, Poncet de La Rivière, devenu évêque de Troyes, conféra soit le diaconat, soit la prêtrise à Lattaignant. C'est du moins ce que semble indiquer cette lettre du chanoine de Notre-Dame à Bergeat :

---

1. Poésies de l'abbé de Lattaignant, t. IV, p. 146.
2. Ibid., t. III, p. 293.

A Grangemenant-en-Brie, ce 17 avril 1744.

Miserere mei, domine! Ayez pitié de moi, monsieur le bailli, je suis en prison dans un vieux et vilain château, au milieu des bois et des boues, où je n'entends non plus parler de qui que ce soit au monde, que si j'étois dans l'île déserte de Robinson Crusoë. J'ai eu l'honneur d'écrire à Mgr l'archevêque de Reims, de Troyes, où, comme vous savez, *j'ai raté l'ordination, le prélat s'étant trouvé malade d'une grosse fièvre et d'une fluxion sur la margoulette;* je n'en ai reçu aucune réponse non plus que de l'abbé Clignet et de l'abbé Guénard, auxquels j'ai écrit. Je crois que tout le monde est mort; il est vrai que la dernière fois que j'envoyai à la poste de Troyes, on nous dit que le courrier ou plutôt la savate, qui vient de Châlons à Troyes apporter les lettres à pied, avoit laissé perdre le paquet en chemin, parce qu'ayant loué un cheval à cause du mauvais chemin, et voulant épargner la moitié de la dépense, il avoit pendant un bout de chemin permis à un prêtre de monter dessus, et qu'il n'avoit pas pris garde au paquet qui étoit tombé apparemment en chemin, dont ledit courrier étoit en prison, et que la maréchaussée, que l'on avoit envoyée, pour rechercher ledit paquet, ne l'avoit pas trouvé; ce qui aura fait d'autant plus de tort que c'étoit dans le temps de la foire de Reims et que les marchands de Troyes sont alors en grande correspondance; mais je n'ai regret qu'à celles qui m'étoient peut-être écrites et que je n'ai pas reçues. Pour surcroît de malheur, je suis venu dans ce pays-ci chercher de l'argent de mon fermier, qui, au lieu de m'en donner, m'a prié de sa noce, à laquelle il a dépensé celui qu'il me devoit, et m'a demandé grâce jusqu'à la Pentecôte. Mon frère, à qui j'avois affaire, est allé à sa terre de Champagne, et son domestique qui devoit me ramener ici des chevaux, pour gagner au moins la poste pour sortir de cette tanière, laquelle est à six lieues d'ici par des chemins impraticables, est tombé malade là-bas, et ne les ramènera que quand il plaira à Dieu. Mon neveu est parti avec les deux restants pour l'armée, si bien que, sans pouvoir mettre le pied dehors par le temps abominable qu'il fait, je suis ici *sicut passer solitarius in tecto,* ou comme *nycticorax* [1] *in domicilio;* il est vrai que j'ai une fille avec moi, mais ce n'est que ma nièce, et quand ce seroit une étrangère et qu'elle seroit belle comme les Amours, vous savez que de si longs tête-à-tête ne me conviennent plus ; j'en suis donc réduit à lire toute la journée. Encore les livres me manquent, ayant fini sept ou huit volumes de voyages que j'avois apportés de Troyes, et jusques au Droit françois de M. Poquet de Livonnière [2], que j'ai lu tout entier ; ce qui m'oblige de dire jusques à mon bréviaire tout entier, pour m'amuser, et qui ne m'amuse guère. Ayez donc pitié de moi, mon cher, donnez-moi de vos nouvelles et de celles de notre cher prélat. Dès que j'aurai des chevaux, je retournerai à Troyes ; j'aurois retourné d'ici à Reims, mais il y a quatre bacs à passer et le débordement des rivières rend ces passages difficiles et les chemins abominables ; mandez-moi là ce que vous me conseillez de faire. S'il faut retourner à Reims, je ne ferai presque qu'aller et venir, car les ordres se donnent à la Trinité, et il n'y a plus que six semaines, et il faudra y être huit jours devant, pour recommencer une retraite à laquelle j'ai grand regret et qui m'ennuie d'avance. Je m'ennuie bien davantage de n'être pas à portée de faire ma cour à notre cher et aimable prélat ; faites-lui pour moi, en attendant, je vous en prie, et parez un peu les coups que peuvent me porter ceux qui ne m'aiment pas et qui triomphent de mon absence. Cette ordination manquée me dérange diablement, tant pour la dépense que tous ces voyages me coûtent, que pour l'ennui et la gêne que cela me cause.

---

1. *Nycticorax* : Hibou.

2. Claude Poquet de Livonnière était professeur de droit à l'université d'Angers. Son livre est intitulé : *Règles du droit français*. Paris, 1730, in-12.

Vous trouvez sans doute que ma lettre est déjà bien longue ; mais songez donc qu'outre que je n'ai pas de plus grand plaisir que de vous entretenir, je n'ai rien de mieux ni de pire à faire. Assurez, je vous prie, Mme Bergeat de mes respects très humbles, et écrivez-moi à Troyes. Donnez-moi les ordres de Monseigneur, pour savoir ce que je ferai, car je suis au bout de mon rôlet, et n'en sais rien moi-même. Adieu, j'ai pitié de l'ennui que je vous cause en vous contant le mien. Je vous embrasse et suis de tout mon cœur votre serviteur et ami,

DE LATTAIGNANT.

Le séjour de Grangemenant, manoir paternel possédé par un aîné, prédisposait peu le poète à la gaieté ; puis Mlle de Lattaignant, si l'on en croit son oncle, n'avait pas les charmes de la beauté ; aussi faut-il prendre comme une simple boutade la lettre qui précède. Lattaignant à cette époque n'était pas encore précisément revenu des vanités de ce monde et il répétait même très volontiers :

> Quoique je sache que les belles
> Sont presque toutes infidèles,
> Je ne saurois m'en détacher.
> Soit brune ou soit blonde,
> J'en irois chercher
> Au bout du monde [1].

Peu après en effet une jolie personne, grande, bien faite, douée de la voix la plus mélodieuse, dansant et jouant la comédie à ravir, le comptait parmi ses fervents admirateurs : c'était Mlle de Navarre, fille à l'esprit

---

[1]. *Poésies de l'abbé de Lattaignant*, t. III, p. 105.

aventureux qui épousa plus tard le chevalier de Mirabeau, frère de l'auteur de l'Ami des hommes. La perspective de longs tête-à-tête avec elle, au riant village d'Avenay, ne paraît pas avoir beaucoup effrayé Lattaignant. Mlle de Navarre[1] avait pour père un nommé Hévin de Navarre, ancien receveur des tailles à Soissons, faisant le commerce de vins de Champagne, à Bruxelles; elle était une des maîtresses du maréchal de Saxe, dont Hévin de Navarre fournissait plus ou moins consciencieusement la table. Sa famille l'idolâtrait, et, préférant plutôt lui voir de hauts protecteurs qu'un mari, tolérait toutes ses fantaisies. Chargée d'administrer les vignobles paternels, elle tenait surtout maison ouverte à Avenay, et se plaisait à donner des rivaux à celui que Frédéric II appelait le Turenne du règne de Louis XV. Le sage Grosley évita d'être l'un d'eux[2]. Grâce à Monnet, directeur de l'Opéra-Comique, ancien amant de Mlle de Navarre, Marmontel tomba facilement dans les filets de l'enchanteresse. Lattaignant semble avoir eu le même sort, car une épître de lui empreinte de quelque

---

1. Dans sa savante *Histoire de l'abbaye d'Avenay*, Paris, Alphonse Picard, t. Ier, p. 507, M. Louis Paris rapporte l'acte de baptême d'un sieur Louis-Gabriel-Edmond Regnault (paroisse d'Avenay, 27 octobre 1743) dont la marraine, une demoiselle de Navarre, portait les prénoms de Marie-Gabrielle-Antoinette, et il suppose que tels étaient ceux de la maîtresse de Maurice de Saxe. — Le 25 janvier 1847, M. Hippolyte Lucas a fait représenter, sur le théâtre du Vaudeville, une comédie-vaudeville en un acte, intitulée *Mademoiselle Navarre*, Paris, Michel Lévy, in-12, 1847.

2. Vie de Grosley, écrite par lui-même et continuée par l'abbé Maydieu, Londres, 1787, p. 95 et suivantes.

dépit signala aux amis de Marmontel la présence de ce dernier à Avenay[1]. Marmontel ne garda point rancune au galant abbé; en 1758 même, il demanda à Lattaignant des vers pour le Mercure, qu'il venait d'obtenir. La reconnaissance du poète se traduisit de la manière suivante :

> Aimable messager des dieux,
> Dont les récits toujours fidèles
> Rendent célèbres et fameux
> Les noms des héros et des belles
> Ou des auteurs ingénieux ;
> Avec eux ainsi qu'avec elles,
> Je vais donc paroître en cent lieux,
> Porté fièrement sur tes ailes,
> Et m'élever jusques aux cieux.
> Quoi ! tu veux que mes bagatelles
> Par toi deviennent immortelles !
> Que mes petits couplets joyeux
> Passent pour des vers merveilleux,
> Dictés par les doctes pucelles.
> J'en suis déjà tout orgueilleux
> Et ma muse t'en remercie,
> Car chacun connoît ton talent.
> On sait que ton goût apprécie
> Le bon, le meilleur, l'excellent ;
> Et le public a lieu de croire
> Que ton livre va dans Paris
> Devenir d'un bien plus grand prix.
> Tous les auteurs se feront gloire
> De s'y voir de ta main inscrits :

---

1. Bibliothèque des Mémoires relatifs à l'histoire de France pendant le XVIIIe siècle. Mémoires de Marmontel, p. 121.

> Ce sera pour les beaux esprits
> Un nouveau temple de Mémoire[1].

Avec une existence aussi mondaine, Lattaignant était nécessairement peu assidu au chapitre de la cathédrale de Reims. Malgré cela, il se trouvait investi de la confiance de sa compagnie. Un jour, elle lui donna la mission d'aller solliciter auprès du département des eaux et forêts, pour certaine coupe de bois formant l'objet d'un litige. L'affaire, assez délicate, traînait en longueur, et les chanoines de Notre-Dame taxaient déjà leur confrère de négligence. Lattaignant écrit alors à M. de La Ribellerie, premier commis des eaux et forêts, une épître en vers pleine de malices à l'endroit des hommes d'État et des administrateurs du temps. Il n'oublie pas non plus l'impatience de ce bon chapitre de province qui croyait naïvement qu'à Paris.

> Toute affaire bien ourdie,
> Soit de grâce, soit d'équité,
> Pour le peu qu'elle soit suivie,
> Doit dans quinzaine être finie ;
> Que sans nulle difficulté,
> Tout ministre vous expédie[2].

Le 27 février 1750, Lattaignant remplaça l'évêque de Nitrie[3], comme conseiller à la chambre souveraine du

---

1. *Recueil de pièces fugitives de l'abbé de Lattaignant*, p. 13. Épître à M. Marmontel. (Pièce inédite.)
2. *Poésies de l'abbé de Lattaignant*, t. Ier, p. 127.
3. François-Joseph Robuste, évêque de Nitrie, un des suffragants de Mgr de Rohan.

clergé. Peu après, M. de Maupeou, d'humeur assez railleuse, rencontrant l'abbé de Salaberry, l'un des présidents de cette chambre, lui demanda si, avant l'installation du nouveau récipiendaire, il avait fait son éloge, ajoutant « qu'on pouvoit le louer sur son esprit, ses talents, ses vertus et principalement sur sa sainteté ». Le propos fut répété à Lattaignant, qui, sans tarder, envoya à Titon, conseiller de la grand'chambre, cette réplique à l'adresse du premier président :

> Quoi, ce magistrat véridique
> A, dites-vous, été tenté
> De faire mon panégyrique,
> En m'installant pour député,
> Et vouloit que l'on m'eût cité
> Comme un saint ecclésiastique,
> Comme exemple de piété ?
> De cette louange authentique
> Devrois-je être si fort flatté ?
> Malgré toute sa rhétorique,
> Ceci souffre difficulté,
> Et la chose est problématique ;
> Car la vertu de sainteté
> N'est pas celle que je pratique.
> S'il eût loué ma probité,
> Ho ! pour celle-là je m'en pique !
> Mais jamais ne me suis vanté
> D'une conduite apostolique.
> S'il a pris un ton ironique,
> Il peut m'avoir décrédité.
> Avec toute sa gravité,
> Avec sa prestance héroïque,
> Charmant dans la société,
> Il est parfois badin, caustique,
> Et raille avec légèreté.

Présentez-lui donc ma supplique,
Pour qu'il me laisse de côté ;
J'en attends cette grâce unique,
Qu'il me reçoive avec bonté ;
C'est un éloge laconique
Que je crois avoir mérité [1].

A partir de 1750, le canonicat de Notre-Dame, qui l'avait du reste jusqu'alors si peu gêné, devint pour Lattaignant un simple bénéfice. Il s'en démit même, le 6 octobre 1776, en faveur de son neveu, Pierre de Lattaignant. La chambre souveraine du clergé et la deuxième chambre des enquêtes du parlement, à laquelle il était attaché comme conseiller clerc, durent néanmoins le voir rarement à leurs audiences; Mgr de Rohan le réclamait sans cesse, et M. de Boullongne ne voulait point être oublié. Ce dernier, après avoir quitté le ministère, entraînait le nouveau magistrat, pendant des saisons entières, à La Chapelle-Godefroy, où il enfouissait des millions et réunissait la compagnie la plus choisie. Un charmant manuscrit du temps, intitulé : les Fêtes du château de la Chapelle, en 1764 et 1765 [1], atteste la somptueuse hospitalité offerte par l'ancien contrôleur général à ses invités. Moissons et vendanges donnaient lieu à des mises en scène, à des divertissements tout à fait dans le goût de l'époque. En outre, on jouait fréquemment la comédie, sous la direc-

---

1. Poésies de l'abbé de Lattaignant, t. Ier, p. 250.
2. Petit in-4°, relié en veau, de 80 pages, faisant partie de la belle bibliothèque de M. Alfred Verlé, qui a bien voulu nous le communiquer.

tion du célèbre Grandval[1]. Les principaux acteurs étaient le comte de Pont de Veyle[2], l'ami de Mme du Deffant, M. de La Grange, le chevalier Begon, la marquise de Bezons, Mmes de Caze et de Béthune, enfin Mme de Noailles qui tenait à ravir l'emploi des soubrettes. Parfois aussi Lattaignant acceptait un rôle ; mais le plus ordinairement il se contentait de rivaliser de gaieté et d'entrain avec M. de La Louptière[3]. C'était alors à qui des deux ferait le plus de couplets ou de chansons.

Vouloir retracer complètement la vie du galant abbé constituerait une tâche difficile à remplir. Après l'avoir montré chez M. de Boullongne et Mgr de Rohan, il faudrait le suivre à Sceaux, où il faisait des noëls pour la duchesse du Maine; au milieu des brillantes fêtes de Berny, données par le célèbre abbé comte de Clermont[4], en l'honneur de la Camargo, puis de Mlle Leduc, la

---

1. Charles-François Racot de Grandval, acteur de la Comédie-Française, né à Paris en 1711, mort le 24 septembre 1784.

2. Antoine de Ferréol, comte de Pont de Veyle, né en 1697, mort en 1774, était lecteur du roi et intendant général des classes de la marine. On a de lui des comédies et des poésies légères.

3. Jean-Charles de Relongue de La Louptière, né au château de La Louptière (Aube), le 16 juin 1727, mort en 1784, poète de société fort recherché, mais pour lequel le public fut plus sévère.

4. Louis de Bourbon-Condé, comte de Clermont, né en 1709, mort en 1770. Cet abbé, lieutenant général des armées du roi, avait, entre autres bénéfices, l'abbaye de Saint-Germain-des-Prés, rapportant à elle seule 180,000 livres de rente, qu'il obtint en 1737, à la mort du cardinal de Bissy. M. de Clermont habitait le plus ordinairement le beau château de Berny, près Paris, résidence d'été des titulaires de la riche abbaye.

cadette; dans la petite maison abritant les amours de Richelieu avec l'aimable La Martelière; chez le bon roi Stanislas, le marquis de Souvré, le maréchal de Lowendal et le comte de Saint-Florentin. M. de Saint-Florentin lui voulait beaucoup de bien; néanmoins certaine invitation du ministre trop prodigue de lettres de cachet mit un jour le poète en grande inquiétude. Mandé subitement, par plaisanterie, chez le comte, au nom du roi, Lattaignant, sa terreur passée, commença de la sorte, après souper, une de ces chansons qui charmaient tant ses auditeurs:

>Suis-je ici
>Comme ami
>Qu'on invite,
>Ou bien y viens-je à jubé,
>Mandé comme un abbé
>De douteuse conduite?
>
>Quel palais
>Plein d'attraits!
>Quel ministre!
>Oh! je n'y crains sûrement
>Aucun événement
>Sinistre [1].

On ne saurait non plus passer sous silence l'intimité du grand chansonnier avec le peintre Joseph Vernet, l'avocat Gerbier, le poète Roy, le laborieux et infatigable abbé de La Porte, Favart, Monnet, et Mme de Graffigny, l'auteur des Lettres d'une Péruvienne.

---

1. *Chansons et poésies fugitives de l'abbé de Lattaignant*, p. 123.

Entraîné par des relations si variées qui l'attiraient sans cesse soit à la ville, soit à la campagne, Lattaignant recevait lui-même de joyeux pèlerins dans son prieuré de Saint-Jacques-de-l'Hermitage. L'existence mouvementée du chanoine de Notre-Dame de Reims laissa donc fatalement parfois à désirer quant à la stricte observance des règles canoniques. Sur le désir de la reine Marie Leczinska et d'après les conseils de Mgr de Rohan, il faisait bien pour le Journal *chrétien de pieux cantiques chantés ensuite dans beaucoup d'églises de Paris ; néanmoins, comme le plus ordinairement on n'entendait parler que de ses poésies légères, la rumeur publique, sans tenir compte de la tolérance accordée aux poètes dans leurs écrits, l'accusait d'être peu exemplaire. Il y eut donc grand bruit, lorsqu'en 1769 Lattaignant, désabusé du monde, entra chez les Pères de la Doctrine chrétienne. Cette conversion, absolument inattendue, était attribuée à l'abbé Gauthier, chapelain des Incurables ; de là, le couplet assez mordant qui courut dans Paris, quand plus tard le même abbé Gauthier, envoyé, dit-on, par Lattaignant, alla recevoir presque* in extremis *la confession de Voltaire :*

> Voltaire et Lattaignant, par avis de famille,
> Au même confesseur ont fait le même aveu :
> En tel cas il importe peu
> Que ce soit à Gauthier, que ce soit à Garguille ;
> Mais Gauthier cependant me semble mieux trouvé :
> L'honneur de deux cures semblables
> A bon droit était réservé
> Au chapelain des Incurables [1].

[1]. Bachaumont, *Mémoires*, 19 mars 1778.

Lattaignant professait la plus profonde admiration pour le patriarche de Ferney ; aussi reprocha-t-il souvent à Fréron ses attaques contre le grand écrivain du XVIIIe siècle. Peu avant l'apparition du couplet ci-dessus, Voltaire avait reçu de lui une chanson qui valut à son auteur cette réponse :

Paris, le 16 mai 1778.

Lattaignant chanta les belles ;
Il trouva peu de cruelles,
Car il sut plaire comme elles :
Aujourd'hui, plus généreux,
Il fait des chansons nouvelles
Pour un vieillard malheureux.

Je supporte avec constance
Ma longue et triste souffrance,
Sans l'erreur de l'espérance :
Mais vos vers m'ont consolé ;
C'est la seule jouissance
De mon esprit accablé.

Je ne peux aller plus loin, monsieur : M. Tronchin[1], témoin du triste état où je suis, trouverait trop étrange que je répondisse en mauvais vers à vos charmants couplets. L'esprit d'ailleurs se ressent trop des tourments du corps, mais le cœur du vieux Voltaire est plein de vos bontés[2].

Voltaire était mort le 30 mai 1778 ; Lattaignant lui survécut quelques mois seulement. Il mourut à Paris, le 10 janvier 1779, et fut enterré dans l'église de Saint-Benoît, ainsi que le constate l'acte suivant :

---

1. Célèbre médecin du XVIIIe siècle.
2. Voltaire, *Correspondance*, année 1778, *lettre à M. l'abbé de Lattaignant*.

« *Le 11 janvier 1779, a été inhumé à la cave de cette église (Saint-Benoît) le corps de M. Gabriel-Charles de Lattaignant, prêtre du diocèse de Paris, chanoine honoraire de l'église métropolitaine de Reims, doyen de la chambre ecclésiastique, âgé de quatre-vingt-deux ans, décédé la veille, rue du Faubourg-Saint-Jacques de cette paroisse. L'inhumation faite par M. le curé, avec l'assistance de vingt ecclésiastiques, après la messe chantée à son intention, en présence de M. Pierre de Lattaignant, conseiller de la grand'chambre, commandeur de l'ordre de Saint-Lazare, arrière-cousin du défunt... »*

Comme cet acte ne fait nulle mention des Pères de la Doctrine chrétienne, Jal, qui le rapporte dans son Dictionnaire critique de biographie et d'histoire, à l'article Lattaignant, en infère que le poète n'était plus, au moment de sa mort, chez les révérends pères, ainsi que le prétendent les biographes. Quoi qu'il en soit, l'ancien chanoine de la cathédrale de Reims termina sa longue existence dans la plus profonde dévotion. Ses dernières poésies attestent qu'il regrettait alors les erreurs d'une jeunesse par trop prolongée, et qu'il envisageait la mort avec la sérénité du philosophe chrétien.

L'abbé de Lattaignant donnait, sans trop se faire prier, des recueils manuscrits de ses œuvres, copiés soit par lui, soit par des mains amies. Il en offrit notamment à Mgr de Rohan, à l'évêque d'Orléans[1] et à la mar-

---

1. Louis Sextius de Jarente, né à Aix, en Provence, en 1706, évêque de Digne dans le courant de l'année 1747 et d'Orléans de 1758 à 1788.

quise de Pompadour, dont il se disait le parent[1]. Le poète laissa aussi Monnet faire hommage à Mme de La Martelière de la Volière, où se trouvaient réunies de fraîches et ravissantes ariettes; il y joignit même une épître dédicatoire à la délicieuse maîtresse du duc de Richelieu. Enfin dans Reims on s'arrachait les Thémiréides, ces galants couplets en l'honneur de la belle Mme Le Leu. Mais, peu soucieux de transmettre son nom à la postérité, le gai chanoine de Notre-Dame ne songeait nullement à se faire imprimer; si ses œuvres sont parvenues jusqu'à nous, c'est grâce à deux de ses amis. Déjà, en 1746, un « frelon littéraire » avait publié un volume in-12, dans lequel certaines pages remplies de fautes, tronquées et presque complètement défigurées, apparaissaient sous le jour le plus défavorable. L'édition

1. La bibliothèque de l'Arsenal possède, sous le n° 2780 de ses manuscrits, un de ces recueils, petit in-4° de 207 pages, relié, contenant 158 chansons qui, presque toutes, ont été reproduites soit par Meusnier de Querlon, soit par l'abbé de La Porte, dans leurs éditions des œuvres de Lattaignant. Le manuscrit de l'Arsenal semble donc antérieur à 1750, époque de la publication par Querlon de ses *Pièces dérobées à un ami*; en outre, d'après le savant M. Paul Lacroix, il ne serait point de la main de Lattaignant. Par contre, dans le *Recueil de pièces fugitives*, auquel nous avons déjà fait quelques emprunts, on retrouve l'écriture et l'orthographe du poète. Ce manuscrit, acheté par la bibliothèque de la ville de Reims à la vente de M. Viollet-le-Duc, est un cahier petit in-4° de 94 pages. Lattaignant l'écrivit vers la fin de sa vie; car beaucoup de pièces qui y sont contenues sont postérieures à l'impression des quatre premiers volumes de de La Porte. Le cinquième en renferme un certain nombre; mais cinquante et une n'ont point encore été publiées jusqu'à ce jour.

faite sans l'aveu de l'auteur fut arrêtée, alors que cinq exemplaires seulement avaient été vendus[1]. Ce larcin maladroit suggéra à Meusnier de Querlon l'idée d'user d'un semblable stratagème. Après avoir réuni tout ce qu'il put trouver des poésies de Lattaignant, il obtint non sans peine de l'indolence du poète la communication de ses portefeuilles, et offrit ainsi au public deux volumes in-12, portant le titre de Pièces dérobées à un ami. (Amsterdam, 1750.)

Meusnier de Querlon, un des rédacteurs du Mercure et de la Gazette de France, possédait toutes les qualités de l'érudit; en outre il voulait élever une sorte de monument à la gloire de Lattaignant, qu'il affectionnait extrêmement. L'ouvrage, fort réussi au point de vue typographique, laissait toutefois à désirer : l'auteur de tant de jolies pièces pour la plupart impromptues ayant refusé d'aider l'éditeur dans son travail, et de faire certaines retouches que semblait exiger l'impression. Le succès fut cependant des plus complets ; aussi, peu après, Lattaignant permit-il à l'abbé de La Porte de publier une nouvelle édition de ses œuvres. Quatre volumes parurent en 1757 ; ils étaient intitulés :

Poésies de M. l'abbé de Lattaignant[2], contenant tout ce qui a paru de cet auteur sous le titre de Pièces dérobées, avec des augmentations très considérables, des annotations sur chaque pièce, qui en expliquent le sujet et l'occasion, et des airs notés sur toutes les

---

1. Pièces dérobées à un ami, t. Ier, p. 2 et 3.
2. On ne sait pourquoi de La Porte écrit de L'Attaignant, car le poète signait toujours de Lattaignant sans apostrophe.

chansons — *à Londres, et se trouvent chez Duchesne, libraire, rue Saint-Jacques, au-dessous de la fontaine Saint-Benoît, au Temple du Goût.*

En tête du premier volume se voit une eau-forte de Garand, représentant le poète dans un gracieux médaillon, sous lequel on lit :

> Avec des grâces naturelles,
> Peintre des héros et des belles,
> Il unit la voix d'Amphion
> A la lyre d'Anacréon.

Le cinquième volume de l'édition de l'abbé de La Porte fut seulement livré au public vers la fin de 1779, après la mort de Lattaignant, avec ce titre :

Chansons et poésies fugitives de M. l'abbé de Lattaignant, contenant des annotations sur chaque pièce, qui en expliquent le sujet et l'occasion, suivies des Particularités singulières de la vie de Mme de C*** — *à Londres, et se trouvent à Paris chez la veuve Duchesne, libraire, rue Saint-Jacques, au Temple du Goût.*

Depuis, en 1810, *Millevoye, avec des extraits de l'édition de de La Porte, composa un joli petit volume in-*18, *intitulé :*

Choix des poésies de l'abbé de Lattaignant, chanoine de Reims. — *Paris. Capelle et Renard, libraires-commissionnaires, rue Jean-Jacques-Rousseau.*

*Certaines pièces dues à la muse si facile du gai chansonnier se trouvent encore reproduites dans divers recueils, tels que l'*Almanach des Muses, *l'*Anthologie françoise *de Monnet (Paris, Barbou,* 1765*), le* Portefeuille d'un homme de goût ou l'esprit de nos meilleurs poètes *(Amsterdam et Paris, chez Delalain,* 1770*), et les* Chansons choisies avec les airs notés *(Genève,* 1782*).*

Selon la Biographie Michaud[1], *Lattaignant aurait été le collaborateur de Robbé de Beauveset*[2] *pour les* Muses chrétiennes ou Correspondance poétique et morale entre deux célèbres poètes, *in-*8 *de* 34 *pages, sans valeur littéraire, paru en* 1788. *Avec Jacques Fleury, avocat au parlement et auteur dramatique, il aurait aussi donné, vers* 1752*, le* Rossignol *au théâtre de l'Opéra-Comique*[3]. *Peut-être le passage suivant d'une de ses lettres à Bergeat est-il relatif à cette pièce :*

Paris, ce 26 *février* 1753. — « *Je profite du départ de M. Hibert, mon cher bailli, pour vous envoyer par lui ce* petit opéra-comique *dont l'auteur est anonyme, mais dans lequel vous pourrez reconnaître le style d'un de vos meilleurs amis, que vous ne ferez point connoître*

---

1. Article *Robbé de Beauveset.*

2. Robbé de Beauveset, poète licencieux et de mœurs dissolues, naquit à Paris en 1714; il mourut à Saint-Germain en 1794. On voit, d'après un portrait en chanson de Mme de Vielsmaisons, que Lattaignant rencontrait souvent Robbé chez cette dame, et que, loin de partager l'avis de nombreux contemporains, il l'estimait au point de le regarder comme un maître. (*Poésies de l'abbé de Lattaignant,* t. II, p. 258.)

3. *Biographie Michaud,* articles *Attaignant* et *Fleury* (Jacques).

à d'autres. J'espère qu'il amusera Mlles vos filles et votre chère moitié..... »

Enfin on lit dans les Mémoires de Bachaumont, à la date du 29 novembre 1768 : « M. l'abbé de Lattaignant, chanoine de Reims, jusqu'ici ne s'était exercé que dans les poésies légères et dans les chansons agréables......
....

Ce poète aimable vient de s'élever à un genre plus distingué, et, quoique dans un âge déjà avancé, il a enrichi le théâtre de Nicolet d'une pièce nouvelle intitulée : La Bourbonnaise. Ce titre, si connu par le vaudeville satirique qui a couru toute la France, a fait la fortune de l'ouvrage, et le public s'est porté en foule à cette parade burlesque, dont la petite intrigue assez bien menée est soutenue de beaucoup de saillies polissonnes, très à la mode aujourd'hui. Les courtisanes, qui donnent le ton à ce théâtre, trouvent le chanoine de Reims délicieux. »

Pour apprécier sainement Lattaignant et ses œuvres, il faut se souvenir du temps ainsi que des milieux où il vécut. On ne saurait non plus oublier qu'ayant à peine dix-huit ans lorsque commençait la Régence, le galant abbé appartenait à cette société railleuse et sceptique du XVIIIe siècle qui s'acheminait avec tant d'insouciance vers la Révolution de 1789. Le petit collet donnait alors accès partout ; ceux qui le portaient, pour peu qu'ils y joignissent de l'esprit et de l'amabilité, étaient des mieux vus. Lattaignant plein de verve et d'entrain, animé du désir de plaire, sauf chez de rares contemporains jaloux de ses succès, ne rencontra donc que la plus gracieuse sympathie.

« *Les vers m'échappent plutôt que je ne les compose* », écrivait-il à Bergeat [1]; aussi, sur la moindre demande, immédiatement, il offrait un bouquet à une jolie femme, traçait un portrait ou improvisait des couplets. Ces derniers surtout firent sa réputation. Sans eux, point de joyeux soupers; on se les arrachait; parfois même d'audacieux plagiaires les donnaient comme de leur cru, et bientôt le poète les achetait, en riant, sur le Pont-Neuf ou chez quelque libraire du Palais-Royal.

Toutes de circonstance, les œuvres de Lattaignant ne visaient que le moment présent. Un instant les avait fait naître et l'instant d'après semblait devoir les faire oublier; de là, point de retouches; jamais non plus de longs morceaux : les épîtres ont peu de vers, les odes deux ou trois strophes, les chansons quelques couplets. Certaines fatiguent par cette afféterie qui était dans le goût de l'époque; mais le plus ordinairement la pensée de l'auteur va droit au but, sans s'attarder sous une multiplicité de formes qui trahit moins l'inspiration que le travail. Il est bien encore de trop gais refrains, que se prêteraient difficilement à écouter les oreilles plus délicates d'aujourd'hui. En les entendant, les grandes dames du temps se cachaient à demi derrière leur éventail; puis elles pardonnaient à l'improvisateur. Sa voix était si douce, il avait si légèrement prononcé les mots, que la plus prude eût eu mauvaise grâce à lui tenir longtemps rigueur. De La Porte, désireux d'épargner à la mémoire de son ami un jugement sévère de la part des générations à venir, prit soin d'éliminer bon nombre de

---

1. *Lettre du 9 août 1753* (inédite).

ces refrains. Il eût assurément bien fait d'agir de même à l'égard des Particularités singulières de la vie de Mme de C***. Ce petit roman, plus que grivois, écrit trop à la hâte, n'atteste pas chez Lattaignant un réel talent comme prosateur ; en outre, l'intrigue péniblement menée offre peu d'intérêt.

Célébrer les charmes de la beauté, chanter les plaisirs est en général l'apanage des esprits plus portés à la bienveillance qu'à la critique. Lattaignant ne résista pas cependant toujours à la tentation d'effleurer la personnalité du prochain. Les médecins notamment, quand la goutte ou des vapeurs, cette grande maladie du temps, ne le tourmentaient pas, avaient le privilège d'exercer sa verve. S'adressant à Ninnin, médecin du comte de Clermont, il comparait même les princes de la science aux augures de l'antiquité. Selon lui, deux d'entre eux ne devaient pouvoir se regarder sans rire; fort irrévérencieusement il ajoutait encore :

> Ces grands médecins si célèbres
> Qu'on a presque divinisés,
> Combien de monuments funèbres
> De leur vivant ont-ils dressés !
> Ces réputations si hautes
> S'obtiennent à bien peu de frais ;
> Le jour éclaire leurs succès
> Et la terre couvre leurs fautes.
> Ainsi que nos héros guerriers,
> De votre art les grands coryphées
> Devroient dans leurs fameux trophées
> Joindre les cyprès aux lauriers.

Le comte de Clermont-Tonnerre fut aussi une des victimes de Lattaignant. Irrité d'avoir été tourné en ridicule dans quelque vaudeville ou bluette, il envoya des gens pour corriger l'insolent mystificateur. Malheureusement ceux-ci, trompés par certaine ressemblance, tombèrent sur un autre chanoine de Reims, l'abbé Clignet, que le poète appela depuis son receveur [1]. Quant à M. de Clermont-Tonnerre, l'erreur de ses maladroits affidés lui valut le nouveau couplet :

[1]. Lattaignant fait ainsi allusion à cette aventure dans une épître à Mme Coquebert de Reims (*Recueil de pièces fugitives*, p. 20 ; pièce inédite) :

> *Aimable et respectable amie*
> . . . .
> *Vous qui m'avez tant défendu*
> *Contre la basse jalousie*
> *Et la maligne hypocrisie*
> *Des sots, dont l'esprit saugrenu*
> *De me perdre avoit résolu,*
> *Et contre toute calomnie,*
> *Dans le temps où je fus battu,*
> *Mais par bonheur en effigie...*

Bachaumont (*Mémoires*) disait aussi, le 14 janvier 1779, sans nommer toutefois M. de Clermont-Tonnerre : « L'abbé de Lattaignant, le fameux chansonnier, vient de mourir dans un âge très avancé..... Il était difficile que, dans le cours de ses vaudevilles, l'abbé de Lattaignant n'offensât personne. Un des mécontents, voulant lui donner la rétribution ordinaire, se trompa et s'adressa à un autre chanoine de Rheims, comme lui, qui lui ressembloit beaucoup ; le chansonnier en plaisantoit depuis et l'appeloit son receveur. » — Quoique la chanson *J'ai du bon tabac* ne se trouve pas dans les œuvres de Lattaignant, nous pensons, avec Marion du Mersan, qu'elle est bien de notre auteur ; nous l'avons déjà citée et pourrions la citer encore ; mais nous ne croyons pas utile de l'ajouter à cette note déjà trop longue.

Pour ce bon monsieur de Clermont-Tonnerre,
Qui fut mécontent d'être chansonné,
 Menacé d'être bâtonné,
 On lui dit, ce coup détourné :
J'ai du bon tabac dans ma tabatière,
J'ai du bon tabac; tu n'en auras
   Pas.

La chanson politique eut toujours grand succès en France, et les beaux esprits du XVIIIe *siècle en usèrent largement à l'égard des plus hauts personnages. L'aimable poète semble avoir peu suivi leur exemple ; toutefois ce portrait, dont Lattaignant se reconnaissait volontiers l'auteur, respire, quoi qu'en dise Bachaumont*[1], *moins la louange que la critique :*

   Quand Choiseul[2]
   D'un coup d'œil
   Considère
Le plan entier de l'État,
 Et seul, comme un sénat,
 Agit et délibère;
  Quand je vois
  Qu'à la fois
  Il arrange
Le dedans et le dehors,
 Je soupçonne en son corps
  Un ange.
Seroit-ce un Dieu tutélaire ?
Dans la paix et dans la guerre,
  Ses traités

---

1. *Mémoires,* 16 mai 1762.
2. Étienne-François, duc de Choiseul et d'Amboise, célèbre ministre de Louis XV, né le 28 juin 1719, mort en mai 1785.

Sont dictés
Par Minerve :
J'admire en lui les talents
Que d'elle il obtint sans
Réserve.
A l'Amour
Tour à tour,
A la table,
Quand il trouve des loisirs,
Qu'il se livre aux plaisirs,
Il est inconcevable.
Du travail
Au sérail,
Vif, aimable,
A tout il est toujours prêt ;
Pour moi, je crois que c'est
Un diable.

Avec la merveilleuse facilité qu'il possédait, Lattaignant dut écrire beaucoup de lettres : elles eussent aidé à pénétrer dans l'intimité de ses nombreux amis ainsi que de ses puissants protecteurs. Malheureusement la plupart sont aujourd'hui perdues. M. Andrieux, maire de la ville de Reims de 1828 à 1835, qui avait connu dans sa jeunesse divers correspondants du chanoine de Notre-Dame, en recueillit quelques-unes. La gracieuse obligeance de son petit-fils, M. Barbat de Bignicourt, nous a déjà permis de citer les plus curieuses. En terminant cette longue étude, nous ne croyons pouvoir mieux faire que de reproduire encore la suivante, du 17 juillet 1742, dictée par Lattaignant à Ninnin et achevée par celui-ci:

Je suis charmé, mon cher bailli,
Que le sieur Robert, mon ami,

Habile et digne personnage,
Par les connoisseurs soit goûté;
Je m'étois toujours bien douté
Qu'il obtiendroit votre suffrage.
Quoi! B***, ce plat auteur,
Ou plutôt ce compilateur,
Est de retour dans votre ville
Dont on l'avoit fait déloger?
S'il veut y demeurer tranquille,
Il devroit bien se corriger
Et ne plus avoir de querelles,
Surtout avec les demoiselles.
On m'avoit mandé l'an passé
Que trois l'avoient déjà chassé
A coup de pincette et de pelle:
Pour lui c'est une bagatelle;
Mais je voudrois que ce garçon
Se réservât quelque maison,
Car c'est une chose bien dure
Dans la sienne que de rester,
Et que de n'oser présenter
Nulle part sa triste figure.
Quoi! l'aimable Thérèse Allart
Prend mon parti quand il m'attaque?
Il me paroît que du bavard
Elle a bien lavé la casaque.
Remerciez-l'en de ma part;
Mais elle compromet sa gloire,
Car ce n'est pas grande victoire,
Quand un héros rosse un hussard.
Puisque notre belle baillive
De mon mal a quelque pitié,
La douleur m'en semble moins vive,
Je suis guéri plus d'à moitié.
Est-ce pour achever la cure,
Que vous me mandez que Le Leu
Aux tristes vapeurs que j'endure
Veut bien s'intéresser un peu?

Si tout ceci n'est point un jeu,
Ma guérison devient bien sûre.
A ce seul nom je sens soudain,
Quoique je sois dedans le bain,
Un symptôme qui m'en assure.
Je suis dans l'eau, le sieur Ninnin
Veut bien être mon secrétaire,
C'est mon médecin ordinaire
Et c'est un gentil médecin ;
Je crois qu'il fera son chemin.
A mille autres je le préfère
Et même au fameux Dumoulin.
Il m'ordonne de me distraire
Et de ne prendre aucun chagrin,
De ne songer soir et matin
Qu'à tout ce qui pourroit me plaire.
Je vous écris d'un ton badin
Et sens déjà qu'il est certain
Que son remède est salutaire.

Je cesse de jouer le rôle de secrétaire, monsieur, et je prends celui de médecin, pour vous donner un détail exact de la situation de M. l'abbé, à laquelle vous vous intéressez en véritable ami. Vous pouvez déjà juger du mieux par l'aisance et la facilité avec laquelle il m'a dicté de la baignoire, comme un autre feroit de la prose, les jolis vers que je viens d'écrire ; et, comme enfant d'Apollon aussi, je suis tenté de croire que ce n'est point à la Seine, mais à la fontaine d'Hippocrène, qu'on a pris l'eau dans laquelle il se baigne. Il est vrai qu'il ne peut point encore tourner la tête à droite, sans courir risque de s'évanouir ; mais M. l'archevêque a mandé à M. le marquis de Beaufremont que cela venoit de l'habitude dans laquelle il étoit *de prendre toujours à gauche*. Le pauvre prélat craint que notre charmant abbé ne la fasse pas longue, parce qu'il ne veut point faire usage des remèdes de Sigogne ; mais ne craignez rien, je vous réponds de la guérison sans le secours de la

Bouillotte. Les deux saignées du pied, l'émétique, les purgations, les eaux de Passy et de Vichy ont déjà considérablement diminué le mal ; et il en sera sûrement plus tôt quitte que l'avocat que vous lui citez. Votre ancien ami a été six ans à se guérir de ses vapeurs ; encore cinq ou six semaines et notre cher abbé sera débarrassé des siennes. Il commencera demain à prendre du petit-lait dans son bain. Ce remède achèvera de détendre et de relâcher les nerfs de l'estomac et des intestins qui sont en contraction et qui sont la cause de tout le mal. Je suis charmé que M. de Lattaignant m'ait préféré à bien d'autres pour être son secrétaire et son médecin, puisque cela me procurera l'avantage de m'entretenir quelquefois avec vous et de vous assurer des sentiments d'estime et de respect avec lesquels j'ai l'honneur d'être,

Monsieur,

Votre très humble et très obéissant serviteur,

NINNIN,

Médecin.

Lattaignant, cet

Abbé, grand conteur de sornettes,
De doux propos, faiseur de chansonnettes,
Pas bien dévot, au surplus bon chrétien [1],

prêchait

A table mieux qu'au jubé [2].

Après avoir parmi ses œuvres écarté certaines pièces un peu trop légères qu'excusait la liberté des mœurs du

---

1. *Épître de Lattaignant à l'abbé Guéret.*
2. *Id. à la baronne de Bazoches.*

temps, nous avons choisi celles paraissant présenter le plus d'intérêt. Puisse le lecteur trouver que le gai chanoine de Notre-Dame de Reims méritait une place dans la Collection des petits poètes du XVIIIe siècle !

ERNEST JULLIEN,

Vice-président du tribunal civil de Reims.

Reims 23 septembre 1880.

Je viens de Recevoir une lettre de Mr Bergeal
qui me raille assez joliment sur la façon galante
et genereuse dont on m'a accordé pour mille ecus
que j'ay envoyé davance comme on croyoit la
courtoisie que l'on m'avoit promis pour cent toises
Et sur laquelle ~~despalbs~~ de la lettre m'r Boitel
qui a si bien accomodé cette affaire la vous estes
un fait Monseigneur et je n'en parlerai pas davantage
car cela ne serviroit a rien et je me ferois encor
des ennemis d'en parler a d'autres, j'ay montré
a mon amy l'abbé Guenard l'article de votre lettre
qui le concerne il est bien reconnoissant de
vos bontes et se recommande toujours a vous
il sera d'aujourd'huy en huit a Thezons avec
Mr Dupré qu'il commence dans sa chaise
je ne sçay rien de nouveau la citadelle si d'ester
j'ay l'honneur d'etre avec le plus profond
respect de votre altesse
         Monseigneur
                    tres humble
                    et tres obeissant
                    serviteur de Lattaignans

POÉSIES

DE

LATTAIGNANT

ÉPITRES

ÉPITRES

A MADAME SANSON[1]

Aimable petite cousine,
Près de qui madame Cyprine,
De nos poètes l'héroïne,
N'est qu'une vieille gourgandine,
Depuis le temps que je chemine
En terre de vous peu voisine,
Je n'ai trouvé, Dieu m'extermine,
Aucune beauté dont la mine,
Comme vous gracieuse et fine,

---

1. Mme Sanson, femme d'un receveur des consignations et parente de Lattaignant, était, d'après l'abbé de La Porte, une des plus jolies personnes de son temps.

A l'adorer me détermine ;
J'irois même, je l'imagine,
Sans en trouver, jusqu'à la Chine.
Notre éloignement me chagrine,
Mes soupirs sèchent ma poitrine,
Votre image toute divine
La nuit et le jour me lutine.
Toujours je rêve et je rumine,
En mordant mes doigts je dandine ;
Triste, je calcule et combine,
Je songe, mais point ne devine,
Combien de temps Dieu me destine
A vivre en la cité turine,
Où le sort fatal me confine,
Où la langue est moitié latine,
Où l'ennui, douleur intestine,
Est pire qu'un mal à l'échine.
Rien n'est plus sûr que ma ruine,
Je suis mort jusqu'à la racine,
Si j'y mange encore une mine
De sel, ou même de farine ;
Et si bientôt chaise ou berline,
Cheval de poste, ou bête asine,
Ne me ramène à la cassine
Où Dieu me fit prendre origine.
Je suis en fort bonne cuisine,
Où l'on ne craint point la famine,
Où l'on soupe comme l'on dîne,
Où l'on mange force terrine,
Où sur les bons mets on raffine
Dans une cour où je câline,

Et tan qu'il me plaît me dodine,
Où je n'ai pour toute consine[1],
Qu'à m'ébaudir sous la courtine,
Dormir ou vider la chopine.
Mais loin de vous, belle coquine,
Point de rose, tout est épine :
Un souvenir qui m'assassine
M'enlève mon humeur badine.
Toute Catin ou Catherine,
Toute Iris m'y paroît mâtine,
Le vin me semble de l'urine :
Oh! la dangereuse machine
Pour notre espèce masculine,
Qu'une carcasse féminine
Qu'habite une âme un peu maline!
Car avez l'humeur si mutine,
Si coquette, si calottine[2],
Qu'au lieu d'y porter médecine,
Vous riez du mal qui me mine,
Mal pire que rage canine,
Pire que coups de discipline.
Vous méprisez comme vermine,
Et traitez comme un Jean Farine
Un cœur qui pour vous se calcine.
Si ne voulez qu'il se termine,
Ce mal, au moins, ma Colombine,
Calmez-le par lettre sucrine,
Par mots doucets comme praline.

---

1. *Consine* : Consigne.
2. *Calottine* : Satirique, badine.

Adieu, ma chère consobrine,
Adieu, de mes vers la Corinne;
Pour vous saluer, je m'incline,
Et quitte la double colline,
N'y trouvant plus de rime en *inc*.

A MONSIEUR

PONCET DE LA RIVIÈRE

Évêque de Troyes[1].

Savez-vous bien, mon cher Prélat,
Ce que j'ai fait en votre absence?
J'ai joui seul, comme un béat,
Avec délice et complaisance.
Joui, de quoi? me direz-vous :
Car, à ce mot de jouissance,
Déjà vous entrez en courroux,
Et le terme seul vous offense.
Mais dussiez-vous, amant jaloux,
Soupçonner ma reconnoissance ;
Dussiez-vous même vous fâcher,

---

1. M. Poncet de La Rivière avait une maison de campagne qu'il appelait sa *maîtresse*, et dans laquelle il faisait tous les jours de nouveaux embellissements. L'auteur y passa quelques jours en l'absence du prélat, et, en l'attendant, il lui adressa cette épître. (*Note de de La Porte.*)

J'ai joui de votre maîtresse,
Et, malgré ma délicatesse,
Je ne puis me le reprocher.
Elle étoit encor presque nue,
Et ne présentoit à la vue
Que de simples attraits naissants;
Mais de mille autres agréments,
Elle sera bientôt pourvue.
On ne voyoit que quelques fleurs
Sur sa légère chevelure :
Tout son éclat et ses couleurs
Sont de vrais dons de la nature.
L'arrangement, la propreté
Formoient tout l'art de sa parure,
Et sa fraîcheur, et sa beauté,
Ne viennent que d'une onde pure.
Son sein frais à demi couvert,
Sous un habit du plus beau vert,
Enserre des lis et des roses.
Qui ne sont point encore écloses,
Et qui, pour se montrer au jour,
N'attendent que votre retour.
Car, quoiqu'elle soit toujours belle,
Elle paroît triste sans vous.
Pour moi, mon plaisir le plus doux
Sera de vous voir avec elle.
Vous jugez à ce dernier trait,
Que cette charmante maîtresse,
Cet objet de votre tendresse,
De qui j'ébauche le portrait,
Est votre maison de campagne,

Le plus agréable séjour
Qui soit dans toute la Champagne ;
Et vous n'avez point d'autre amour.
Mais, quand par hasard, quelque belle
Vous auroit rangé sous ses lois,
Vous ne craindriez rien, je crois,
Et vous pourriez compter sur elle :
Lorsque l'on vous aime une fois,
Peut-on devenir infidèle ?

A MONSIEUR L'ABBÉ GUÉRET

*Pour l'inviter
à souper avec deux de ses pénitentes.*

Chez cet abbé, grand conteur de sornettes,
De doux propos, faiseur de chansonnettes,
Pas bien dévot, au surplus bon chrétien,
Comme vos vers le dépeignent si bien,
Daignez demain venir dans la soirée ;
Car il se meurt (la phrase n'est outrée),
Non d'aucun mal qui fasse trépasser ;
Aussi ce n'est brin pour le confesser ;
Mais il se meurt de désir et d'envie
De vous donner, en bonne compagnie,
Un bon souper, où vous serez assis,
Commodément, dos au feu, ventre à table,
Entre deux sœurs, en qui tout est aimable,
Et près de qui les cœurs sont indécis.
Jà de ce couple en connoissez bien une,
Qui va vous voir, non en bonne fortune,

Mais qui pourtant vous en conte en secret,
Et vous instruit de tout ce qu'elle fait :
Même quelqu'un m'a dit l'avoir surprise
A vos genoux; mais c'étoit dans l'église,
Et vous étiez dans le saint cabinet,
Très gravement en surplis et bonnet.
Ici serez de toute autre manière,
Et prouverez qu'avec morale austère,
Et saintes mœurs, on peut être joyeux;
Qu'on trouve en vous un docteur respectable,
Un ami sûr, un directeur pieux,
Et qui plus est un convive agréable.

A MADAME SAINTE-PLACIDE

*Religieuse de l'abbaye de Jouarre,
depuis abbesse de Conflans.*

Je sais, belle SAINTE-PLACIDE,
Que devant vous l'Amour timide
N'ose faire éclater ses feux ;
Je sais que près de vous les Grâces,
Qui ne quittent jamais vos traces,
Ont un maintien respectueux.

Ne craignez donc point que j'abuse
Des droits que peut prendre une Muse
Qui rend hommage à la beauté :
Non, non, je saurai me contraindre.
La vérité même doit craindre
De blesser votre humilité.

Dire qu'en vos yeux pleins de charmes
L'Amour pourroit trouver des armes
Plus sûres que ses plus beaux traits,

Ce seroit un jargon profane,
Que votre piété condamne;
Ainsi j'admire, et je me tais.

Qu'elle est modeste et qu'elle est belle !
Est-ce un ange, est-ce une mortelle?
En vous voyant, dit-on tout bas.
C'est l'un et l'autre tout ensemble,
Pourroit-on dire; elle rassemble
Autant de vertus que d'appas.

Loin de tirer quelque avantage
Des grâces de ce beau visage,
Que son voile cache à moitié,
Elle gémit, elle soupire,
Quand elle pense qu'elle inspire
Un peu plus que de l'amitié.

Telle autrefois parut Astrée,
Quand, descendant de l'Empyrée,
Elle vint régner parmi nous,
Joignant à son air respectable
Ce je ne sais quoi tout aimable,
Si touchant, si tendre et si doux.

Mais vous n'avez fait que paroître,
Vous, que c'est assez de connoître,
Pour ne vous oublier jamais.
Déjà, comme cette immortelle,
La voix de Dieu qui vous rappelle
Nous livre à de tristes regrets.

Allez, allez, divine Astrée,
Bientôt dans quelque autre contrée
Dieu veut signaler ses bienfaits;
Et quelque endroit que sa puissance
Soumette à votre obéissance,
Vous y ferez régner la paix.

A JULIE [1]

*Jeune demoiselle postulante au couvent
de Panthemont.*

C'EN est donc fait, mon aimable JULIE,
Il faut vous perdre au plus beau de vos jours ;
Vous renoncez aux plaisirs, aux amours,
Aux agréments, aux douceurs de la vie.
Quoi ! ce soleil, si beau, si radieux,
Va s'éclipser à peine à son aurore !
Quoi ! cette fleur, qui ne fait que d'éclore,
N'aura brillé qu'un instant à nos yeux !
Ces yeux charmants, que tout le monde adore,
Seront éteints sous un voile odieux !
Ce sein plus frais que n'est celui de Flore,
Fait pour charmer les mortels et les dieux,
Et qui n'a pas son pareil sous l'Olympe,
Enseveli sous une épaisse guimpe,

1. Mlle de Serrière.

Ne verra plus la lumière des cieux !
Ces beaux cheveux, dont le dieu de Cythère
Auroit formé les plus aimables nœuds,
N'orneront plus une tête si chère !
La liberté, ce don si précieux,
Vous l'immolez aux volontés d'un autre,
Vous la liez par des vœux indiscrets,
Vous qui saviez triompher de la nôtre
Par la douceur de vos naissants attraits !
Croyez-vous donc que la nature sage,
De tant d'appas, de grâces, de trésors,
Ait embelli votre âme et votre corps,
Pour n'en pas faire un plus aimable usage ?
De tous les dons que le ciel vous a faits,
C'est abuser avec ingratitude,
Que de cacher dans une solitude
Tant de présents, pour n'en user jamais.
Non, je ne puis, sans répandre des larmes,
Voir enterrer tout vivants tant de charmes.
Du moins, avant d'entrer dans ce tombeau,
Et de quitter ce monde qui vous aime,
Connaissez-le, connaissez-vous vous-même,
Le sacrifice en sera bien plus beau.
Mais, direz-vous, quand je vous abandonne
Et tous ces biens que vous trouvez si doux,
C'est pour Dieu même. A lui seul je me donne ;
De ce rival osez être jaloux.
Hé ! chère enfant, dans quel coin de la terre
Pourriez-vous vivre, et n'être pas à Dieu ?
A son pouvoir rien peut-il vous soustraire ?
Est-il ici plus qu'en un autre lieu ?

Il est partout; son règne est en vous-même
Tous les sentiers jusqu'à lui sont ouverts;
Il régit tout par sa bonté suprême,
Et nous conduit par des chemins divers.
Croyez-vous donc que, dans un monastère,
Du droit chemin rien ne puisse égarer?
Ce n'est pas tout, que d'y savoir entrer;
Jusqu'à la fin il faut qu'on persévère;
Du même pas, sans se décourager,
Il faut aller au bout de la carrière.
C'est présumer, c'est être téméraire,
Que s'y livrer sans prévoir le danger.
Laissez, laissez aux âmes pénitentes
Qui dans leur route ont erré mille fois,
Pour réparer leurs fautes imprudentes,
Subir le joug de ces austères lois :
C'est une planche offerte dans l'orage,
Qui peut encor les sauver du naufrage.
Mais vous, hélas! dont le cœur innocent,
Tout neuf encor, même à peine se sent,
Est-ce pour vous que ces rigueurs sont faites!
Mais, direz-vous, dans ces saintes retraites
On vit tranquille, et comme dans un port
Où de Satan on peut braver l'effort.
Ce que j'y vois d'exemples m'encourage;
Une princesse auguste, aimable et sage
Qui m'éleva dès mes plus jeunes ans,
Qui me combla de ses soins bienfaisants,
En fit autant à la fleur de son âge.
Elle eut cent fois plus de dons en partage,
Elle immola grandeur, honneurs, beauté,

Sans jusqu'ici les avoir regretté.
A l'imiter j'entends Dieu qui m'appelle,
Et je le sens aux transports de mon zèle.
S'il est ainsi, je ne vous retiens plus,
Allez, JULIE, allez, soyez fidèle,
Suivez toujours un si parfait modèle;
Tous nos conseils deviennent superflus.
Puissiez-vous être heureuse autant qu'aimable,
Dieu puisse-t-il vous être favorable,
Puissent vos vœux, que sa main va bénir,
N'être jamais suivis d'un repentir!

A LA MÊME

Pour le jour de l'an.

J'AVOIS bonne envie
De vous étrenner,
Charmante JULIE ;
Mais que vous donner
Qui puisse vous plaire,
Quand vous renoncez
Aux biens de la terre
Et les méprisez ?
Le parti sévère
Que vous embrassez
Est plus téméraire
Que vous ne pensez.
L'ardeur qui vous presse
Est hors de saison,
Et quand la sagesse
Prévient la raison,
C'est une foiblesse
Plus qu'une vertu,
Comme dans l'ivresse

Un projet conçu.
Nature ne donne
Ses biens en tout temps :
Les fruits sont d'automne,
Les fleurs du printemps.
Rien n'est si bizarre
Qu'un précoce fruit,
Nature s'égare
Quand elle en produit.
Attendez à l'âge
De pouvoir juger,
Pour choisir en sage,
Et vous engager.
Je vous le répète,
Le feu qui vous luit
N'est qu'une bluette
Qu'un souffle détruit ;
Ce n'est qu'une aurore,
Et non un soleil ;
Attendez encore,
Suivez mon conseil,
Laissez prendre cire
Au divin flambeau
Qui doit vous conduire
Jusques au tombeau.
Quelle loi peu sage
Permet, qu'à seize ans,
Un enfant s'engage
Malgré des parents,
Et, pour pouvoir vendre
Des biens superflus,

L'oblige d'attendre
A vingt-cinq et plus !
Des biens méprisables,
Quelle indignité !
Sont donc préférables
A la liberté ?
Que ce soit folie,
Pourquoi l'empêcher ?
Que vous est JULIE,
Pour la tant prêcher ?
Me dira peut-être
Quelque vieux censeur :
Êtes-vous son maître,
Ou son directeur ?
Vous l'a-t-on promise,
Et prétendez-vous,
En face d'Église,
Être son époux ?
Non, je n'eus sur elle
Jamais aucun droit ;
Mais elle est si belle,
Qu'on l'aime et qu'on croit
Perdre en elle celle
Que l'on adoroit.
Fusses-tu sauvage,
Même anthropophage,
Quand tu la verras,
Toi-même diras
Ah ! que c'est dommage
Et tu pleureras.

A MADAME

DE LA MARTELIÈRE

*Au nom de M. Monnet,
depuis directeur de l'Opéra-Comique,
qui dédioit à cette dame un petit recueil de chansons
de l'auteur intitulé :* la Volière.

Les belles, comme les héros,
D'un auteur méritent l'hommage,
Et la beauté sur nos travaux
A mêmes droits que le courage :
Ainsi, lorsque je viens vous présenter ces airs,
Vous avez tout lieu d'y prétendre,
Et vos attraits, fameux dans l'univers,
M'en ont fait un devoir qu'il est doux de vous rendre.
Mais, avec tout ce qu'en votre faveur
La Renommée a pu m'apprendre,
Moi-même un jour j'eus le bonheur
De vous voir et de vous entendre.
Que vous étiez belle en ce jour !

Quel cœur n'eût pas rendu les armes !
Les yeux de la mère d'Amour
N'éclatent point de tant de charmes.
C'étoit dans un brillant séjour,
Où mille autres beautés parées,
Et sans doute ailleurs adorées,
Sembloient composer votre cour
Et paroissoient en être outrées.
Vous fixâtes sur vous les yeux
Et de l'Amour et de l'Envie :
On remarqua dans les moins curieux
La surprise ou la jalousie.
Bientôt un concert commença :
Lors, pour entendre mieux, évitant votre vue,
Votre admirateur, l'âme émue,
Dans un coin vite se plaça.
Quelle fut ma surprise extrême !
Vous vîntes à chanter vous-même.
Alors pour la seconde fois,
Avec des armes différentes,
L'Amour nous mit tous sous vos lois.
Dieux ! quelles cadences brillantes !
Quels accents ! quelle aimable voix !
Vous joigniez, pour serrer nos chaînes,
Au talent flatteur des Sirènes
Toutes les grâces à la fois.
Peut-être qu'en secret un semblable langage
Seroit téméraire et suspect ;
Mais vous rendre en public un innocent hommage,
Ce n'est que marquer le respect.

A MADEMOISELLE DE NAVARRE

Depuis Mme de Mirabeau, et morte à Avignon.

Vous m'ordonnez de vous écrire,
Et de si bon cœur j'obéis,
Que, sans avoir rien à vous dire,
Dans le moment je vous écris,
Non lettre de galanterie;
Vous savez que j'ai fait serment
De vous aimer toute ma vie,
Sans jamais être votre amant :
Non lettre de cérémonie;
Je fais trop mal un compliment,
Et vous en jugez aisément
Par cette façon peu polie
De vous dire la vérité,
Et de choquer la vanité
De demoiselle si jolie,
Si célèbre par ses appas,
Par ses talents et par ses grâces,

Dont mille amants suivent les traces,
Et qui, pour rien, ne voudroit pas
Manquer une seule conquête,
Fût-ce un magot, fût-ce une bête,
Fût-ce un mâtin, fût-ce un roquet;
Qui, toute couverte de gloire,
Croiroit son triomphe imparfait
Après la plus belle victoire,
Si le plus petit freluquet
Osoit s'échapper de sa chaîne.
Ho bien ! vous en aurez menti;
Par ma foi, vous êtes trop vaine.
Prenez sur ce votre parti,
Pour moi, je brave tous vos charmes.
Je rends justice à vos attraits;
Mais ils ne me feront jamais
Éprouver de tendres alarmes.
Triomphez de tout l'univers;
Je le verrai sans jalousie,
Et ne porterai point envie
A ceux qui seront dans vos fers.
Ne devoit-il pas vous suffire
D'avoir soumis à votre empire
Ce vainqueur, ce fameux héros[1],
Le plus grand du siècle où nous sommes;
Et faut-il au plus grand des hommes
Donner de si minces rivaux?
Je vous l'ai dit et le répète,
Ne fût-ce que pour le venger,

1. Le maréchal de Saxe.

Fissiez-vous tout pour m'engager,
Bien loin de vous conter fleurette,
Je renouvelle mon serment,
Sans fadeur ni galanterie,
De vous aimer toute ma vie
Sans jamais être votre amant.

A LA MÊME

Dont l'auteur feint ironiquement d'être amoureux.

AIMABLE objet de mon martyre,
Si vous ne plaignez mes tourments,
Tout au moins écoutez sans rire
Le récit des maux que je sens.

Pour vous engager à m'écrire,
Car c'est votre plus beau talent,
Je vais m'efforcer de vous dire
Ce que je sais de plus galant.

Je vais vous peindre la souffrance
Et tous les cruels changements,
Qu'éprouve pendant votre absence
Le plus sincère des amants.

Depuis qu'il vous sait en Champagne,
Paris lui semble inhabité ;

Mais vous savez qu'à la campagne
Chacun s'en va pendant l'été.

Le rossignol de ce bocage
Depuis votre départ s'est tu ;
Mais il interrompt son ramage,
Dit-on, sitôt qu'il a pondu.

La rose se fane et s'efface,
Et perd ses plus belles couleurs ;
Mais l'œillet revient à sa place,
Et l'on voit naître d'autres fleurs.

Tout plein de ma douleur amère,
Quand je vous vis vous éloigner,
J'allai tout droit à la rivière ;
Mais je ne fis que m'y baigner.

Le lendemain je fus malade ;
Mais, si j'en crois Monsieur Purgon,
Ce n'étoit qu'un peu de salade
Dont j'eus une indigestion.

Toutes les nuits, plus chaud que braise,
Je ne dors non plus qu'un lutin ;
Il est vrai que mainte punaise
Y contribue, et maint cousin.

Le jour, cherchant à me distraire
Du chagrin de ne vous voir plus,

Je me partage, à l'ordinaire,
Entre la bouteille et Vénus.

Je ris, je chante, je badine,
Et le tout sans discrétion;
De peur que quelqu'un n'imagine
D'où me vient mon affliction.

Mais ni Vénus, ni la bouteille
Ne vous chassent de mon esprit :
Je crois vous voir quand je sommeille;
Et j'y pense surtout la nuit.

Encore cette nuit dernière
J'étois charmé; je vous trouvois
Fidèle, constante et sincère :
Pardonnez-le-moi, je rêvois.

Vous voyez, ô beauté charmante,
Que ce cœur tout rempli de vous
Vous aime presque autant absente,
Que quand vous êtes près de nous.

A MADAME

LA BARONNE DE BAZOCHES

*Sœur de l'auteur,
au sujet de deux de ses filles qui par dévotion
ne vouloient point se marier.*

Quoi ! mes deux nièces sont dévotes?
Où diable ces petites sottes
Ont-elles pris ce travers-là ?
Ce n'est leur oncle, ni leur mère
Qu'elles imitent en cela.
Pour moi, j'ai prouvé le contraire ;
Cependant j'estime et révère
La sagesse et la piété ;
Mais je hais toute extrémité ;
Tout excès vise à la folie.
Je veux qu'une fille jolie
Sache qu'elle l'est, sans fierté ;
Qu'elle ait pour la société
Des grâces sans minauderie,

Des façons sans coquetterie.
Sans avoir un air affecté,
Trop arrangé, trop apprêté,
Je ne veux pas qu'elle s'oublie
Dans la crasse et la saleté :
La pudeur et la modestie
Même exigent la propreté.
Je veux qu'à l'église elle prie
Avec respect, humilité;
Mais qu'elle chante en compagnie,
Et parle avec facilité
(L'aisance et la légèreté
Diffèrent de l'étourderie);
Qu'à la bonne plaisanterie
Elle se prête avec gaîté;
Car on peut, sans effronterie,
Avoir moins de timidité :
Trop de honte a l'air hébété.
Si quelque indiscret éventé,
Sur le fait de galanterie,
Osoit avec témérité
Hasarder quelque liberté,
Sans trop faire la renchérie,
Ni s'armer de sévérité
Et sans cesser d'être polie,
D'un seul regard de dignité,
Un homme est plus déconcerté,
Que quand on clabaude et qu'on crie.
Enfin, dans un juste milieu
Toutes les vertus ont leur place;
Jamais rien de trop, ni trop peu :

Tout le reste n'est que grimace.
Mais à quoi servent mes leçons?
Elles n'ont qu'à suivre vos traces,
Imiter toutes vos façons,
Pour joindre à la vertu les grâces.
Vous qui sûtes si bien remplir
Les devoirs du christianisme,
Vous avez su vous garantir
Des scrupules du cagotisme.
Vous possédiez cet art charmant,
Dès votre plus tendre jeunesse,
D'unir les ris et l'enjouement
A la plus exacte sagesse.
Quand on sait se faire estimer,
Il n'est pas défendu de plaire;
On doit même se faire aimer;
Et vous le saviez si bien faire,
Que, sans vous piquer de beauté,
Et par une innocente adresse,
Vos grâces, votre gentillesse
Sur les belles l'ont emporté;
Et que vous l'emportez encore
Par cet air d'affabilité,
De franchise et de vérité,
Qui fait que chacun vous adore.
Vous aviez le talent flatteur,
Le goût, la voix d'une Sirène,
Vous chantiez sans art et sans peine,
Bien moins à l'oreille qu'au cœur,
Sans prendre le ton d'une actrice,
Ni l'air honteux d'une novice,

Et sans trop de timidité,
Avec aisance et liberté.
Quand il falloit un air bachique,
Vous ne chantiez point un *flon flon*,
Et n'entonniez point un cantique,
Quand on vouloit une chanson.
Pardonnez ce panégyrique,
Que sans dessein de vous flatter,
J'ai fait seulement pour vos filles,
Qui sont aimables et gentilles;
Mais qui devroient vous imiter,
Pour l'être encore davantage ;
Car il m'est ici revenu
Que ce sont dragons de vertu,
Mais d'une vertu si sauvage,
Qu'on ne peut les apprivoiser.
Or, peur de les scandaliser,
J'en ai différé mon voyage,
Et n'en ai point d'autre raison,
Sinon que par comparaison,
Moi, qui devrois être plus sage,
On me prendroit pour un démon,

A LA MÊME

*Au sujet
d'une très jolie lettre qu'elle avoit écrite à l'auteur,
en réponse à l'épître précédente.*

Je voudrois bien écrire en vers,
Comme vous écrivez en prose :
Qui que ce soit dans l'univers,
Comme vous, ne dicte et compose ;
Jamais un seul mot de travers,
Et toujours d'esprit bonne dose.
Sévigné, qu'au gré des experts,
Comme un modèle l'on propose,
Auprès de vous est peu de chose ;
Elle se guinde au haut des airs,
Et trempant sa plume en eau rose,
De sa fille, en cent tons divers,
Elle fait trop l'apothéose.
Vous écrivez plus aisément,
C'est-à-dire plus joliment,
Pour peu que vous preniez la plume,

Épîtres.

Mais pour vous c'est prendre une enclume,
Et faire un effort surprenant ;
Du moins c'est ce que je présume,
Tant vous m'écrivez rarement,
Moi qui voudrois journellement
De vous recevoir un volume,
Comme un petit soulagement
A l'absence et l'éloignement.
Mais votre colère s'allume
D'un reproche fait tendrement ;
Vous ripostez dans le moment :
Oui, Monsieur, oui, c'est ma coutume;
Mais agissez-vous autrement?
M'écrivez-vous plus fréquemment?
Et n'avons-nous pas l'amertume
D'être dupes de maint serment,
Qu'on doit vous voir incessamment?
En vain espoir on se consume,
Et toujours inutilement :
Longtemps après Monsieur nous mande
Que pour une affaire très grande,
Qu'il suit avec vivacité,
A Paris il est arrêté;
Que son chapitre l'y demande.
Tantôt c'est incommodité,
Toujours quelque mal de commande,
Mauvais chemins qu'on appréhende
Ou compliment bien ajusté,
Auquel il faut que l'on se rende :
Puis Monsieur gronde. En vérité
Tout le tort est de mon côté,

Et les battus paîront l'amende.
Vous avez raison; je me tais;
J'aurois dû tenir ma promesse;
Mais vous connoissez ma tendresse,
Et n'en pouvez douter jamais;
Et vous savez que ma paresse
Est comme la vôtre, à peu près.
Ainsi, ma sœur, plus de reproche;
Demeurons quitte et bons amis;
Désormais quand j'aurai promis,
Je n'aurai plus d'excuse en poche;
Cependant je ne promets rien,
Car, malgré moi, je pourrois bien
Trouver encor quelque anicroche;
Mais à propos de cet écrit,
Où je raille un peu mes deux nièces,
Comment suis-je dans leur esprit?
De mes petites gentillesses
Leur cœur ne s'est-il point aigri?
Les dévotes sont une espèce
Qu'on n'offense point à crédit.
J'ai bien peur que de ma sagesse
Elles n'aient mince opinion;
Servez-moi donc de caution,
Et répétez-leur bien sans cesse
Que j'appelle *dévotion*
Certaine pieuse foiblesse,
Scrupule et superstition;
Que c'est là ce que je critique,
Et non des vertus la pratique
Dont je fais bien distinction;

Épîtres.

Non cette piété sincère,
Pour qui j'ai vénération;
Qui n'est farouche ni sévère,
Qui, loin de rebuter, doit plaire,
Et n'a point d'ostentation.
Encore un coup, ma sœur très chère,
Défendez-moi par charité,
Près de ces saintes demoiselles;
Car j'imagine qu'avec elles
Je n'ai pas trop bien débuté;
Et d'ici je crois les entendre
Se dire : notre oncle l'abbé,
A ce que nous pouvons comprendre,
Prêche à table mieux qu'au jubé;
Ses sermons sont des chansonnettes;
On sait combien il en a faites;
Prenons bien garde à nous, ma sœur :
Il viendra nous prêcher l'erreur,
Ce prédicateur de ruelles,
Cet antidirecteur des belles.
Avec des préjugés pareils,
Jamais mes plus sages conseils
Serviront-ils de quelque chose?
Si par hasard je leur propose
De prendre un époux de ma main,
Le prétendu fût-il aimable
Et le mariage sortable,
Confondant l'amour et l'hymen,
On dira *non*, sans examen.
Elles me craindront comme un diable;
Comme excommunication,

Fuiront ma bénédiction.
J'eus pourtant une nièce en Brie,
Dont j'ai fait le nœud conjugal,
Qui ne s'en trouve pas trop mal
Et tous les jours m'en remercie.
Je reçois dans le même instant
Du mari lettre très polie,
Et par laquelle il me convie
De tenir son troisième enfant.
Jugez si j'ai la main heureuse.
Si l'exemple les séduisoit,
Que mon âme seroit joyeuse!
Mais si l'avis les offensoit,
Si leur piété scrupuleuse
De faire un enfant avoit peur,
Quoiqu'en tout bien, en tout honneur;
Après tout, ce sont leurs affaires.
Je me tais, craignant leur courroux,
Et je me recommande à vous
Ainsi qu'à leurs saintes prières.

A UN AMI

SUR L'AMOUR

Oui, c'est une grande folie,
Cher ami, que d'être amoureux;
Mais (conviens-en entre nous deux)
C'est de toutes la plus jolie.
Cette ivresse, cette manie,
Fait un état délicieux;
Je trouve qu'elle déifie :
Avec une fidèle amie
Partout on se croit dans les cieux;
Loin de porter aucune envie
A la félicité des Dieux,
On ne craint que leur jalousie,
Et l'on se croit plus heureux qu'eux.
N'aime-t-on plus, tout nous ennuie;
Soi-même on devient ennuyeux.
J'ai connu cette maladie;
J'ai ressenti de tendres feux;

J'étois animé par les-yeux
De mon inconstante Sylvie;
En rose elle eût changé l'ortie;
Elle embellissoit tous les lieux;
Et, versé par sa main chérie
Entre les plaisirs et les jeux,
Le plus maussade vin de Brie
Me paroissoit plus gracieux
Que le nectar et l'ambroisie.
J'étois fou, mais j'étois joyeux;
Je suis sensé, mais sérieux
Jusques à la mélancolie.
Mon esprit n'a plus de saillie,
Et mon cœur sent un vide affreux
Tout me paroît fastidieux.
Pour sortir de léthargie,
En vain je lis et j'étudie
Tous les auteurs les plus fameux;
Dans toute leur philosophie
Je ne vois rien que de douteux.
Ma raison, ce guide amphibie,
Avec son flambeau ténébreux,
Me mène en des chemins scabreux,
Tantôt m'approuve, tantôt crie,
Tantôt elle me rend impie,
Et tantôt superstitieux;
Et ma conduite réfléchie
N'est plus qu'un cercle vicieux.
Je l'avoue, et te le confie,
Je regrette mes premiers nœuds;
Et quelle que soit l'énergie

De tes conseils judicieux,
Oui, j'aimerois mille fois mieux
De l'amoureuse frénésie
Éprouver les transports fougueux,
Que le flegme triste et fâcheux
De la froide misanthropie.
Mais en vain je forme des vœux ;
Je sens bien que je suis trop vieux
Pour jamais aimer de ma vie,
Je voudrois, et je ne le peux,
Aimer jusqu'à l'idolâtrie ;
Car l'excès seul nous rend heureux,
Et l'excès seul nous justifie.

AU ROI DE PRUSSE[1]

*En lui envoyant
les deux volumes de* Pièces dérobées à un ami,
1751.

Il seroit téméraire à moi,
Sire, si vous n'étiez qu'un roi
Et qu'un héros recommandable,
Admiré dans tout l'univers,
De vous offrir de petits vers
Et des chansonnettes de table.
Mais vous êtes vous-même auteur,
De tout talent le protecteur,
Et qui plus est un homme aimable,
Et grand et bon tout à la fois;
Dans l'histoire ni dans la fable,
Parmi les héros et les rois,
Vous n'avez pas votre semblable.
Or si, malgré ses embarras,
Ce grand roi quelquefois s'amuse,
Et pourquoi ma petite Muse

1. Frédéric II.

Ne l'amuseroit-elle pas?
Mais, dira-t-on, quand la victoire
Peut lui laisser quelque moment,
Sans rien dérober à sa gloire,
N'a-t-il pas d'autre amusement?
N'a-t-il pas son ami Voltaire?
Je dirois presque son confrère,
Mais en Apollon seulement,
Pour l'amuser plus dignement
Et plus noblement le distraire;
Je ne soutiens pas le contraire;
Je connois cet illustre auteur,
Et je suis son admirateur.
Sans contredit, sur le Parnasse
Il remplit la première place.
Mais cet écrivain si savant
Qu'en tout et partout on admire,
D'Apollon même avec la lyre
Peut parfois n'amuser pas tant :
Et d'ailleurs une tragédie
Ne se lit pas dans un moment,
Au lieu qu'on chante dans l'instant,
Une petite parodie,
Un vaudeville, une chanson,
Pour égayer et faire rire.
Or vous jugez vous-même, Sire,
Combien je serois enchanté,
Si par un roi j'étois chanté;
C'est tout le bonheur où j'aspire
Qu'un souris de Sa Majesté.

A MADAME DE GRAFFIGNY

Auteur de la pièce de théâtre intitulée Cénie[1].

Je reviens de ta comédie,
Graffigny, les larmes aux yeux;
Que j'aime ta tendre Cénie
Et ses sentiments généreux!

Dans son portrait que tu nous traces,
Que de charmes, que d'agrément,

---

1. « On a prétendu dans le monde que Mme de Graffigny, sous le nom de *Cénie*, qui est l'anagramme du mot *nièce*, avoit voulu tracer le caractère de Mlle de Ligniville, sa nièce, aujourd'hui Mme Helvétius. Mlle de Ligniville demeuroit alors chez Mme de Graffigny. Cette demoiselle ne le cédoit point à Cénie pour la beauté, les grâces et la vertu. C'est sans doute cette ressemblance de caractère qui a donné lieu à la découverte de l'anagramme. » (*Note de de La Porte.*) — *Cénie*, comédie en cinq actes et en prose, fut jouée pour la première fois, en 1750, sur le théâtre de la Comédie-Française; on la reprit en

Que de vertus et que de grâces,
Que d'esprit et de sentiment !

Quelle délicatesse extrême;
Que d'héroïsme en tes portraits !
Ah ! qu'il faut en avoir soi-même,
Pour s'exprimer comme tu fais !

C'est dans le sein de ta famille
Que tu puises des traits si beaux;
Ainsi Mignard peignoit sa fille
Dans la plupart de ses tableaux,

Tantôt sous les traits de la Gloire,
De son héros guidant les pas;
Tantôt sous ceux de la Victoire,
Le couronnant dans les combats.

Ta Cénie est cent fois plus belle,
Et tu nous la peins beaucoup mieux;
Mais c'est qu'un plus parfait modèle
A chaque instant est sous tes yeux.

C'est un bonheur pour un grand maître
Qui peut peindre non seulement

1754, et elle eut toujours le plus grand succès. « C'est le triomphe de la vertu, disait Grimm, c'est le temple des mœurs, c'est l'école du sentiment le plus simple, le plus pur, le plus digne d'intéresser et de fixer l'attention des belles âmes. » Selon lui, l'auteur aurait dû l'intituler *Roman en action*. (*Correspondance littéraire*, 1re partie, t. Ier, p. 201 et 204.)

Son héros tel qu'il devroit être,
Mais comme il est réellement.

Que l'héroïne de ta pièce
Se fait reconnoître aisément,
Et que *Cénie* enfin de *nièce*
Fait l'anagramme heureusement.

C'est ainsi qu'en tous tes ouvrages,
Dignes de l'immortalité,
Pour tracer de nobles images,
Tu n'as jamais rien emprunté.

Si de l'adorable Cénie
On connoissoit l'original,
Quel cœur ne porteroit envie
Au bonheur du tendre Clairval?

Mais des grâces comme les siennes
Ne peuvent jamais se cacher;
Jusqu'aux rives péruviennes [1]
On la trouve sans la chercher.

---

1. Peu avant de donner *Cénie* au théâtre, Mme de Graffigny avait publié les *Lettres d'une Péruvienne*.

A MONSIEUR NINNIN

*Docteur de la Faculté de Reims,
médecin de S. A. S. M. le comte de Clermont.*

Je vous estime et vous honore
Autant que le grand Dumoulin[1];
Cependant, mon cher médecin,
Fussiez-vous plus savant encore,
Votre art est trop obscur en soi
Pour que je puisse ajouter foi
A cette sublime science,
Et que je me fasse une loi
De suivre en tout votre ordonnance.
Le plus grand bien, c'est la santé;
J'en sens le prix, je la désire;
Sans elle point de volupté,
Même la vie est un martyre.

---

1. Jacques Molin ou Dumoulin, célèbre médecin, né le 29 avril 1666, à Marvège, petite ville du Gévaudan, et mort à Paris le 21 mars 1755.

Mais que par ses règles votre art
La conserve ou la rétablisse,
Et que quelquefois par hasard
Il n'y porte point préjudice,
C'est une question à part.
Tout en médecine est système ;
Son objet n'est point évident ;
Le malade est, s'il est prudent,
Son premier médecin lui-même :
Il raisonne sur ce qu'il sent ;
Fions-nous-en à la nature
Si sûre dans tous ses desseins ;
Seule elle fait mieux une cure
Que tous les plus grands médecins.
Cette mère prudente et sage
Mieux que nous connoît nos besoins ;
Et pour conserver son ouvrage
Ne néglige aucun de ses soins.
Quelquefois elle a besoin d'aide,
J'en conviens, et je ne dis pas
Qu'il ne soit plus d'un bon remède
Utile dans de certains cas.
Mais n'employons cette ressource
Qu'à la dernière extrémité,
Et puisons toujours à la source
De la vie et de la santé.
Aux remèdes que l'art applique
Il est aisé de se tromper.
Le symptôme qui nous indique
Le mal que l'on veut extirper
Est quelquefois problématique.

L'on croit qu'un tel mal vient de chaud,
Et le médecin le suppose;
Car le savoir c'est autre chose.
Lors, loin de donner ce qu'il faut,
On donne un poison tout contraire.
Seul, le malade eût pu guérir;
Traité dans la forme ordinaire,
Sans un miracle il va mourir.
Le monde dans son premier âge
Connoissoit-il les médecins?
Les hommes plus forts et plus sains
Vivoient alors bien davantage.
Même aujourd'hui dans le village,
Chez les robustes paysans,
Où votre art n'est point en usage,
Ne vit-on pas aussi longtemps?
Combien de nations encore
Où l'on est vigoureux et sain,
Et chez lesquelles on ignore
Jusques au nom de médecin?
Les animaux de toute espèce,
Sans docteurs et sans Faculté,
N'ont-ils pas l'instinct et l'adresse
De mieux conserver leur santé?
Et ceux sur qui votre art s'exerce,
Ces domestiques animaux
Qui sont avec nous en commerce,
En sont sujets à plus de maux.
Suivant le proverbe vulgaire,
Qui vit médicinalement
Et de drogues d'apothicaire

Languit, vit misérablement.
Ces fiers Romains que l'on renomme
Furent longtemps sans s'en servir;
Sous Caton, le Sénat de Rome
De la ville les fit bannir.
Je l'honore et je la respecte,
Cette célèbre Faculté;
Mais, malgré son utilité,
Elle est dangereuse et suspecte;
Et quoi qu'on en puisse espérer,
J'appréhende de m'y livrer.
La Médecine et la Justice
Veulent notre bien toutes deux;
Mais, en exerçant leur office,
Portent un bandeau sur leurs yeux.
La Justice et la Médecine
Se ressemblent encore assez,
En ce que de noble origine,
Tous biens et tous maux compensés,
Quoique toutes deux respectables,
Il n'est pas aisé de juger,
Vu les abus et le danger
De leur pratique inséparables,
S'il en résulte plus de bien
Qu'elles ne causent de dommage.
Ce Caton passoit pour bien sage.
Pour moi, je ne décide rien;
Mais j'en conclus que l'on doit plaindre
Les malades et les plaideurs;
Parce que rien n'est plus à craindre
Que médecins et procureurs.

Épitres.

Ces grands médecins si célèbres
Qu'on a presque divinisés,
Combien de monuments funèbres
De leur vivant ont-ils dressés ?
Ces réputations si hautes
S'obtiennent à bien peu de frais ;
Le jour éclaire leurs succès,
Et la terre couvre leurs fautes.
Ainsi que nos héros guerriers,
De votre art les grands coryphées,
Devroient dans leurs fameux trophées
Joindre les cyprès aux lauriers.
Celse, ce médecin d'Auguste,
De son temps le plus grand esprit,
Qui raisonne toujours si juste,
Nous dit lui-même en son écrit
Que de son temps la médecine
Avoit changé plus d'une fois :
Que c'est toute une autre routine,
D'autres principes, d'autres lois.
Chez un malade aujourd'hui même,
Assemblez cinq ou six docteurs,
Ils sont de différent système,
Et se reprochent leurs erreurs.
On hésite, on dispute, on doute,
On cite mainte autorité,
L'un veut prendre par cette route,
Et l'autre par l'autre côté.
Jugez de la perplexité
D'un patient qui les écoute,
Et quelle triste extrémité !

Ce que je dis là, vos confrères
Le confesseront volontiers ;
Et j'en ai vu des plus sincères
S'en plaindre eux-mêmes les premiers.
Cependant le malade paye
Bien cher la consultation,
Qui sans rien décider l'effraye.
Or quelle est leur conclusion ?
Presque toujours une saignée,
Fusse pour la dixième fois,
Jusqu'à ce qu'il soit aux abois.
Telle est la méthode enseignée
Dans toute l'école aujourd'hui ;
Ainsi l'on prépare l'athlète :
Loin d'animer la force en lui,
Par la saignée et la diète,
On vous l'exténue, on l'abat,
Pour le disposer au combat
Du mal et de la Médecine,
— Qui par leurs efforts violents
Causent une guerre intestine
Dont les frais sont à nos dépens,
Et font souvent notre ruine.
Mais quand les maux sont compliqués,
Quand les remèdes appliqués
Les uns aux autres sont contraires,
Quel guide conduira les pas
De ces aveugles émissaires ?
Ou ne se détruiront-ils pas,
S'ils font mal leur obédience,
S'ils se trompent de numéro.

Jugez de quelle conséquence
Devient alors le quiproquo !
Vous me direz par prophétie,
Que, malgré ce bel argument,
On me verra bien sûrement,
Dès la première maladie,
Dire et penser tout autrement,
Et chanter la palinodie ;
Je n'en disconviens nullement ;
Mais c'est la raison, la sagesse,
Qui dictent actuellement
Ce solide raisonnement ;
Alors ce sera la foiblesse
Qui me fera dire autrement :
Et je réponds à ce reproche,
Que quand le mal est violent,
Et quand on se noie, on s'accroche
Où l'on peut, même au fer brûlant ;
Que lorsque la crainte la trouble,
La raison n'a plus de pouvoir,
Et que l'on joue à quitte ou double
Lorsque l'on est au désespoir.
Oui, notre foiblesse est la cause
Que votre art est tant en crédit,
Et la crainte, sans contredit,
Fit seule votre apothéose ;
Et ce que disoit Cicéron
Jadis des prêtres, des augures,
Qui ne vivoient que d'impostures,
Avec tout autant de raison
De vos confrères peut se dire.

Car je suis tout aussi súrpris
Que deux médecins dans Paris
Puissent se rencontrer sans rire ;
Sachant eux-mêmes que leur art
Est fondé sur notre sottise,
Et que, quand on les divinise,
Ils ne le doivent qu'au hasard.
Tout au moins vous devez admettre
Qu'il faut, soit dit sans vous blesser,
Beaucoup de foi pour s'y soumettre,
Et de vertu pour l'exercer.
Or j'ai confiance en la vôtre ;
Ainsi dans la nécessité,
Malgré mon incrédulité,
Je vous prendrai plutôt qu'un autre.

CHANSONS

CHANSONS

PORTRAIT

DE MADEMOISELLE MABERT

Sur l'air : *Zeste, leste, preste.*

MA maîtresse est une blonde,
  Belle s'il en fût jamais.
Vénus, en sortant de l'onde,
Ne fit pas voir tant d'attraits.
Et zeste, leste, preste, voilà comme il faut
  Se choisir une bergère,
  Toujours prête à faire lanlère,
  Toujours prête à faire le saut.

De cette charmante fille
Pour ébaucher le portrait :
D'un vif éclat son teint brille,
Et son corps est des mieux fait.
Et zeste, leste, preste, voilà comme il faut
Se choisir une bergère,
Toujours prête à faire lanlère,
Toujours prête à faire le saut.

Sa grâce, sa gentillesse
Font tous les jours mille amants ;
L'air de fraîcheur, de jeunesse,
Redouble ses agréments.
Et zeste, leste, preste, voilà comme il faut
Se choisir une bergère,
Toujours prête à faire lanlère,
Toujours prête à faire le saut.

Sa main verse-t-elle à boire,
C'est un plaisir séduisant.
Rit-elle, ses dents d'ivoire
Ont un air appétissant.
Et zeste, leste, preste, voilà comme il faut
Se choisir une bergère,
Toujours prête à faire lanlère,
Toujours prête à faire le saut.

Elle jase, elle babille,
Elle raisonne rarement ;
Elle saute, elle frétille,
Est en l'air à tout moment.

Et zeste, leste, preste, voilà comme il faut
    Se choisir une bergère,
    Toujours prête à faire lanlère,
    Toujours prête à faire le saut.

    Je hais la délicatesse
    De ces Iris de romans,
    De qui la sotte tendresse
    S'épuise en beaux sentiments.
Et zeste, leste, preste, voilà comme il faut
    Se choisir une bergère,
    Toujours prête à faire lanlère,
    Toujours prête à faire le saut.

    Ses baisers et ses caresses,
    Ses transports, ses mouvements,
    Valent mieux que des promesses,
    Des discours et des serments.
Et zeste, leste, preste, voilà comme il faut
    Se choisir une bergère,
    Toujours prête à faire lanlère,
    Toujours prête à faire le saut.

    Quelquefois elle me frappe,
    Ou me pince rudement :
    J'aime mieux d'elle une tape,
    Que d'une autre un compliment.
Et zeste, leste, preste, voilà comme il faut
    Se choisir une bergère,
    Toujours prête à faire lanlère,
    Toujours prête à faire le saut.

Elle est coquette et volage,
Soit ; je n'en suis point jaloux :
Prendre maîtresse si sage,
C'est vivre presque en époux.
Et zeste, leste, preste, voilà comme il faut
Se choisir une bergère,
Toujours prête à faire lanlère,
Toujours prête à faire le saut.

L'amour n'a formé nos chaînes
Que de guirlandes de fleurs :
Nous en ignorons les peines ;
Nous en goûtons les douceurs.
Et zeste, leste, preste, voilà comme il faut
Se choisir une bergère,
Toujours prête à faire lanlère,
Toujours prête à faire le saut.

A UNE DAME

Sur ce qu'elle paroissoit fâchée de n'avoir point d'enfants.

Sur l'air de *Joconde*.

Quelle autre femme plus que vous
    Iris, est fortunée,
Et jouit d'un destin plus doux
    Sous le joug d'hyménée ?
Ce n'est que des plus belles fleurs,
    Qu'il a formé vos chaînes ;
Vous n'en goûtez que les douceurs,
    Vous ignorez ses peines.

Un mari jeune et plein d'amour,
    Vous prouve sa tendresse ;
La nuit, de même que le jour,
    Il vous traite en maîtresse.
Vous êtes libre assurément,
    Autant qu'on le peut être ;

C'est un ami, c'est un amant,
    Et ce n'est point un maître.

Si vous n'en avez point d'enfants,
    Pouvez-vous vous en plaindre?
Qu'il vous épargne de tourments,
    Et de périls à craindre!
Vous n'employez vos plus beaux jours
    Qu'à charmer et qu'à plaire;
D'ailleurs, Iris, de mille amours,
    N'êtes-vous pas la mère?

Ceux-ci ne coûtent point de pleurs,
    Quand ils viennent à naître,
On en accouche sans douleurs;
    Sans soins on les voit croître.
Ils ne coûtent rien à nourrir;
    Une faveur légère
Suffit pour les entretenir,
    Ou l'on peut s'en défaire.

En moi vous en faites naître un,
    Sans songer à le faire;
Mais distinguez-le du commun,
    Et soyez bonne mère:
Pour vous toujours il gardera
    Le respect et l'estime,
Et jamais il n'exigera,
    Même sa légitime.

A MADAME ***

Sur l'air : *Il étoit une fille.*

Depuis le plus grand prince
 Jusqu'au moindre goujat,
Le petit maître et le béat,
 A Paris, en province,
 Quiconque vous verra,
D'abord se récriera... Ah !

 On compte cent miracles,
 Qu'opèrent en tous lieux
Presque tous les jours vos beaux yeux ;
 On vous suit aux spectacles,
 Au cours, à l'Opéra,
 Chacun dit : La voilà... Ah !

 L'autre jour un malade
 Qui n'en pouvoit guérir ;
Il étoit tout prêt d'en mourir :

Quand une seule œillade
De vous sur lui tomba,
Le mort ressuscita... Ah !

Passant près de vous, Blaise
Reluquoit vos appas ;
En soupirant, disoit tout bas :
Jarni ! Qu'on est bien aise
Quand on tient dans ses bras
Une femme comm' ça... Ah !

Un jour l'ermite Luce,
Qui vient ici quêter,
Craignant de se laisser tenter,
Renfonça son capuce,
Et trois fois se signa,
Vous nommant Satana... Ah !

Orgon, sexagénaire,
Plus avare qu'un juif,
Disoit, en comptant son tarif :
J'y mettrois mon enchère,
Si cette beauté-là
Étoit de l'Opéra... Ah !

L'autre jour un bon moine,
Qui vous vit par hasard,
Disoit d'un ton de papelard :
Le diable à saint Antoine,
Pour le mettre *à quia*,
N'avoit qu'à montrer ça... Ah !

Certaine demoiselle,
Qui cherchoit des chalands
Et faisoit valoir ses talents,
Disoit : Ah ! qu'elle est belle !
Si j'avois ses appas,
Que j'aurois de ducats !... Ah !

Sortant du séminaire,
Certain dévot abbé
Qui n'avoit jamais succombé,
En disant son bréviaire,
Vous vit, vous admira,
Et le livre tomba... Ah !

L'USURIER EN AMOUR

Sur l'air du Prévôt des marchands.

Vous me devez, depuis deux ans,
Trente baisers des plus charmants,
Je vous les ai gagnés à l'ombre :
J'en veux calculer l'intérêt
Et vous en augmenterez le nombre
Que vous me paîrez, s'il vous plaît.

Trente baisers, charmante Iris,
N'étant payés qu'au denier dix,
Valent bien cinq baisers de rente :
Trente baisers de capital,
Dix d'intérêt joints à ces trente,
Font quarante pour le total

Acquittez-vous, car il est temps ;
Payez-moi mes baisers comptant,

Et le principal et la rente :
Car sans huissiers, ni sans recors,
Si vous en êtes refusante
Je vous y contraindrai par corps.

BOUQUET

A MONSIEUR DE BEAUFORT

*Fermier général,
pour le jour de Saint-Pierre, son patron.*

Sur l'air de *l'Horoscope accompli.*

PUISQUE c'est aujourd'hui la fête
Du maître aimable de ces lieux,
Chers amis, que chacun s'apprête
A la célébrer de son mieux :
Or la célébrer, c'est bien boire.
Ainsi des saints il fait mémoire,
Et tout l'office de Pantin,
C'est de boire soir et matin.

C'étoit un grand saint, que saint Pierre ;
Je ne sais point ce qu'il a fait ;
Mais il aimoit la bonne chère ;

Nous en jugeons par son portrait.
Ce coq que l'on a peint tout proche,
C'est un chapon pour mettre en broche,
Et la clef qu'il tient dans sa main,
Sans doute c'est la clef du vin.

Jusques à tant que le coq chante,
Faisons l'office du patron :
Ici tout charme, tout enchante,
Les mets et le vin, tout est bon.
Goûtons un sort si plein de charmes ;
Et si Pierre versa des larmes,
Nous pleurerons à notre tour,
En quittant ce charmant séjour.

SUR LA GOUTTE

*Qui avoit pris et retenu l'auteur à Épernay
dans le temps des vendanges.*

Sur l'air du *Prévôt des marchands*.

La Goutte a pour père Bacchus
Dit-on, et pour mère Vénus;
Mais comment ce couple adorable,
Fait pour le plaisir des mortels,
A-t-il fait ce monstre exécrable
Qui cause des maux si cruels?

Quoi! c'est dans ce même pays,
Où règnent Bacchus et Cypris,
Et dans l'heureux temps des vendanges,
Où l'on voit mille objets charmants,
Qu'on pourroit prendre pour des anges,
Que j'éprouve mille tourments.

Chansons.

C'est à la source du nectar,
Qu'on ne m'en offre que le mar.
Dieu puissant! quelle peine égale
La vivacité de mes maux?
Du moins l'infortuné Tantale
Ne souffroit qu'au milieu des eaux.

D'un regard, plus d'une beauté
Pourroit rétablir ma santé,
En venant voir un pauvre diable
Qui se désole en ce séjour,
Et se croit d'autant incurable
Qu'il ne peut leur faire la cour.

Déjà leurs cœurs compatissants
L'ont honoré de leurs présents;
Le mien, plein de reconnoissance,
Est pénétré de ce bienfait,
Et n'attend plus que leur présence,
Pour être guéri tout à fait.

POUR MONSIEUR
LE DUC DE RICHELIEU
ET MADAME DE LA MARTELIÈRE

Sous les noms de Colin et de Lisette.

Sur l'air : *Lisette est faite pour Colin.*

Lisette est faite pour Colin,
    Et Colin pour Lisette.
Il est volage, il est badin ;
    Elle est vive et coquette.
Colin tolère ses rivaux,
    Lisette ses rivales ;
Il prime parmi ses égaux,
    Elle entre ses égales.

Lisette amuse mille amants,
    Colin toutes les belles.
Tous deux en amour sont constants,
    Et tous deux infidèles.
Il est le plus beau du hameau,

Comme elle est la plus belle.
Colin ressemble au franc moineau,
    Lisette à l'hirondelle.

Sans soupirer et sans languir,
    Ils amusent l'absence
Par les plaisirs du souvenir
    Et ceux de l'espérance;
Ou s'ils dissipent leur chagrin
    Par quelque autre amourette,
Lisette revient à Colin,
    Et Colin à Lisette.

S'il naît quelque dispute entre eux,
    C'est un léger orage
Qui, bien loin de briser leurs nœuds,
    Les serre davantage.
Quel tort pourroient-ils se donner,
    Également coupables!
Ah! pour ne pas se pardonner,
    Tous deux sont trop aimables.

Les soupçons jaloux, les soupirs
    Ne troublent point leurs chaînes.
D'amour ils goûtent les plaisirs,
    Sans en sentir les peines.
Amants, qui voulez vivre heureux,
    Prenez-les pour modèle;
Et n'imitez plus dans vos feux
    La sotte tourterelle.

MAXIMES DE COQUETTERIE

A MADEMOISELLE DE NAVARRE

Sur l'air de *Navarre.*

Jeune Iris, souffrez sans courroux
    De passer pour coquette.
Pourquoi vous offenseriez-vous
    D'une telle épithète?
Quelque grain de légèreté
    Et de coquetterie
Ajoute encore à la beauté
    Le titre de jolie!

Ne voyons-nous pas tous les jours
    Folâtrer sur vos traces
Presque autant de nouveaux amours
    Qu'on voit en vous de grâces?

On n'engage qu'un seul amant,
    Quand on est si fidèle.
Qui ne veut que plaire en a cent
    Qui voltigent comme elle.

Pourquoi vouloir mal à propos
    Vous piquer de constance ?
Cette triste vertu des sots
    N'est plus de mode en France.
Laissez aux belles du commun
    L'honneur d'être constante.
Vaut-il mieux n'en rendre heureux qu'un,
    Que d'en amuser trente ?

Ces belles dont l'antiquité
    Consacre la mémoire,
Avec plus de fidélité,
    Auroient eu moins de gloire ;
Et sans le nombre des amants
    Qui les ont adorées,
Que de déesses de ce temps
    Qui seroient ignorées !

Nous auroit-on parlé jamais
    De la beauté d'Hélène,
Sans ces rois et ces héros grecs,
    Qui portèrent sa chaîne ?
Vénus même, sans les amours
    Qui naissent sur ses traces,
A Paphos s'ennuîroit toujours
    Seule avec ses trois Grâces.

Imitez toujours nos guerriers,
Si jaloux de la gloire ;
Ils ne veulent que des lauriers
Pour prix de leur victoire.
A peine un cœur est-il dompté,
Attaquez-en un autre.
Triomphez de leur liberté ;
Jouissez de la vôtre.

LES ÉPOUX INDISCRETS

A MONSIEUR ET MADAME DE RICHERAND

Sur l'air : *Lisette est faite pour Colin.*

Bec à bec, comme deux pigeons,
    Vous verrai-je sans cesse,
Tour à tour en mille façons,
    Faire assaut de tendresse ?
Pour ces plaisirs il est un temps :
    Croyez-moi, couple aimable,
Témoin de vos jeux innocents,
    On deviendroit coupable.

N'irritez point un sentiment
    Qu'on a peine à contraindre :
Si l'ami devenoit amant,
    Vous pourriez vous en plaindre.
Malgré le plaisir de la voir,

Quand on peut s'en défendre,
Pourquoi faut-il encor savoir
Que son cœur est si tendre ?

L'amour ne veut point de témoins ;
Qui l'éclaire, l'offense ;
Et l'hymen ne cherche pas moins
Et l'ombre et le silence.
Crois-tu ranimer ton ardeur
D'un peu de jalousie ?
Ajoute-t-on à ton bonheur,
Quand on y porte envie ?

Si tu comptes sur ma vertu,
C'est me rendre justice ;
Mais quand je serois revêtu
Du bouclier d'Ulysse,
C'est insulter aux malheureux
Et tenter leur foiblesse,
Qu'étaler ainsi devant eux
Vainement sa richesse.

A MADEMOISELLE CLAIRON [1]

Actrice de la Comédie-Françoise.

Sur l'air : *Il faut que je file, file.*

QUAND Clairon vient sur la scène,
On croit, à son air vainqueur,
Voir déclamer Melpomène
Des vers dont elle est l'auteur ;
Elle fouille, fouille, fouille,
Elle fouille au fond du cœur.

1. Claire-Josèphe Legris de La Tude, plus connue sous le nom de Mlle Clairon, née en 1723 dans les environs de Condé, en Flandre, morte à Paris, le 18 janvier 1803. Après avoir joué à la Comédie-Italienne, à Rouen, au Havre, à Gand, à Dunkerque et à l'Opéra, elle débuta à la Comédie-Française, le 19 septembre 1743, où elle devint presque aussitôt la rivale de Mlles Gaussin et Dumesnil : quoique petite et plutôt jolie que belle, cette actrice eut toujours les suffrages du public. Elle n'avait été engagée d'abord que comme doublure de Mlle Dangeville, dans l'emploi des *soubrettes*; mais, ainsi que le dit Marmontel (*Mémoires*, éd. Barrière, p. 101),

Quelque rôle qu'elle fasse,
De tendresse ou de fureur,
Ses yeux, son geste, sa grâce,
Tout en elle est séducteur ;
Elle fouille, fouille, fouille,
Elle fouille au fond du cœur.

D'Ariane et d'Aricie
Quand elle peint les douleurs,
C'est avec tant d'énergie,
Qu'on l'applaudit par des pleurs ;
Elle fouille, fouille, fouille,
Elle fouille au fond du cœur.

De la tendre Bérénice
Qu'elle exprime la langueur,
De Titus le sacrifice
Cause une secrète horreur ;
Elle fouille, fouille, fouille,
Elle fouille au fond du cœur.

« elle se saisit » presque immédiatement « des rôles de Camille, de Didon, d'Ariane, de Roxane, d'Hermione, d'Alzire, et il fallut les lui céder... En elle, les traits, la voix, le regard, l'action et surtout la fierté, l'énergie du caractère, tout s'accordoit pour exprimer et les passions violentes et les sentiments élevés ». Aucune actrice ne poussa aussi loin l'étude de ses rôles et n'approfondit autant la connaissance de son art. Tous les poètes du xviiie siècle ont célébré le talent ainsi que les succès de Mlle Clairon, et Bachaumont écrivait à son sujet, dans ses *Mémoires secrets*, en janvier 1762.: « Elle n'est point annoncée, qu'il n'y ait chambrée complète. Dès qu'elle paraît, elle est applaudie à tout rompre. »

Elle attendrit pour Alzire
Par ses accents enchanteurs;
Tout le parterre soupire
Et partage ses malheurs;
Elle fouille, fouille, fouille,
Elle fouille au fond des cœurs.

Ses regards pleins de tendresse,
Et son air plein de douceur
Font que l'actrice intéresse
Plus que les vers de l'auteur;
Elle fouille, fouille, fouille,
Elle fouille au fond du cœur.

Pour peu qu'on ait le cœur tendre
Ou du goût, nul spectateur
Ne peut la voir ni l'entendre
Sans en être adorateur;
Elle fouille, fouille, fouille,
Elle fouille au fond du cœur.

A MADAME CAULET[1]

Sur l'air : Pour ma voisine.

Pour ma voisine,
Amour, il faut une chanson.
Comme elle est gentille et badine,
Tu sais qu'il n'est rien de trop bon
Pour ma voisine.

Sur ma voisine
J'ai promis au moins six couplets :
C'est beaucoup ; mais je m'imagine
Qu'ils doivent être aisément faits
Sur ma voisine.

1. Cette dame était la femme de *Rigal Caulet,* nommé secrétaire du roi en 1746.

De ma voisine
Je veux peindre tous les appas ;
Son humeur, sa taille et sa mine,
Et même jusqu'aux petits rats
    De ma voisine.

Dans ma voisine
Que de gentillesse et d'esprit !
Quelle charmante calottine !
Tout m'enchante, tout me ravit
    Dans ma voisine.

A ma voisine
Il ne faudroit ni froid ni chaud
Pour sa gorge et pour sa poitrine ;
Et l'amour seul a ce qu'il faut
    A ma voisine.

Que ma voisine
Est bien capable d'inspirer !
C'est ma muse, c'est ma Corinne ;
Et je ne veux plus célébrer
    Que ma voisine.

Sans ma voisine
J'aurois bien honte d'être amant :
Mais à l'aimer tout détermine,
Et j'eus tort de faire un serment
    Sans ma voisine.

Chez ma voisine
Je vais tous les jours sans façon :
Bon vin, bon feu, bonne cuisine,
Bon époux ; enfin tout est bon
Chez ma voisine.

A LA MÊME

Sur l'air : *Du haut en bas,*

Ah! qu'ils sont gros
Les petits rats de ma Caulette!
Ah! qu'ils sont gros!
Son époux, qui veut le repos,
N'en fait point de plainte indiscrète;
Mais souvent tout bas il répète :
Ah! qu'ils sont gros.

Ah! qu'ils sont beaux
Les yeux de ma jeune voisine!
Ah! qu'ils sont beaux,
Et qu'ils me feront de rivaux!
Elle est tant soit peu calottine;
Mais fût-elle encor plus mutine,
Ah! qu'ils sont beaux!

AU SUJET D'UNE FÊTE

*Que l'auteur donnoit
à son prieuré de Saint-Jacques-de-l'Hermitage.*

Sur l'air : *Non, non, je n'en veux pas davantage.*

Amis, si toute ma vie,
Je pouvois être assuré
D'avoir même compagnie
Dans mon petit prieuré,
Trop content de ce partage,
Je vivrois sans ambition ;
Non, non, non,
Je n'en veux pas davantage.

Chers amis, que je suis aise
De vous tenir en ces lieux !
Un évêque en son diocèse
Est à mon gré moins heureux.
J'aime mieux mon ermitage

A pareille condition :
>Non, non, non,
>Je n'en veux pas davantage.

Du prieur de l'ermitage
Si vous êtes tous contents,
Chers amis, c'est un voyage
Qu'il faut faire tous les ans.
Un si beau pèlerinage
Feroit la fortune au patron :
>Non, non, non,
>Je n'en veux pas davantage.

Mille pèlerins, par bande,
Y viendroient de tout côté,
Apporteroient riche offrande ;
Le prieur seroit renté :
Établissons donc l'usage
D'en faire une dévotion :
>Non, non, non,
>Je n'en veux pas davantage.

Notre saint par un miracle
Éclate dès aujourd'hui ;
Puisqu'un si charmant spectale
Ne peut être dû qu'à lui,
Que chacun lui rende hommage :
Pour rendre célèbre son nom,
>Non, non, non,
>Il n'en faut pas davantage.

———

SUR LE MÊME SUJET

Sur l'air : *Rions, chantons, amusons-nous.*

Lorsque le plaisir nous assemble,
N'être que deux, c'est trop peu d'un.
A chacune il faut son chacun,
Pour bien dire d'accord ensemble :
Rions, chantons, amusons-nous
Il n'est point de plaisir plus doux.

Un tiers fait un sot personnage ;
L'amour n'aime point le trio ;
On ne doit chanter qu'en *duo :*
De Cythère c'est là l'usage.
Rions, chantons, amusons-nous ;
Il n'est point de plaisir plus doux.

Dans cette agréable retraite
Sans crainte l'on fait ce qu'on veut,
Ou du moins tout ce que l'on peut,

Et sans cesse l'on y répète :
Rions, chantons, amusons-nous ;
Il n'est point de plaisir plus doux.

Regarde Colin et sa belle
Jouer au joli jeu d'amour ;
Faisons de même à notre tour ;
Est-il un plus charmant modèle ?
Rions, chantons, amusons-nous ;
Il n'est point de plaisir plus doux.

COUPLETS

*Pour être mis à la suite d'une comédie
intitulée* les Héritiers.

Sur l'air de *Navarre*.

PREMIER COUPLET

Chanté par un Gascon.

Quand je sortis de Pézénas,
  Je n'avois qu'une trousse,
Quatre rasoirs et deux ducats :
  Va comme je te pousse.
J'ai suivi notre grand chemin :
  Quand on a du courage,
Un peu d'adresse dans la main,
  C'est un bon héritage.

DEUXIÈME COUPLET

Chanté par un Normand.

Vous voyez le fils d'un huissier
  De Vire en Normandie,

Lequel ne me fit héritier
Que de son industrie.
Je fus placé chez un caissier:
Quel plus grand avantage !
Quand on sait un peu son métier,
C'est un bon héritage.

TROISIÈME COUPLET

Chanté par une actrice.

Ma mère étoit à l'Opéra
Actrice sans égale;
Au théâtre on me destina
Comme enfant de la balle.
Certain jeune acteur me dressa :
J'appris dès mon bas âge
Le chant, la danse *et cœtera,*
C'est un bon héritage.

QUATRIÈME COUPLET

Chanté par un officier.

Mes nobles aïeux se sont tous
Ruinés à la guerre;
Et je n'ai gagné que des coups
Dans la même carrière.
Pour mon frère, il est mieux tombé;
Sans talents, sans courage,
Il brille; il est un gros abbé,
Ah ! le bon héritage !

CINQUIÈME COUPLET

Chanté par un honnête homme mal habillé.

Je vois tous les jours sous mes yeux
    Le vice qu'on encense,
Et je ne suis point envieux
    De sa vaine opulence.
Je préfère au gueux revêtu
    La nudité du sage :
Lorsque l'on a de la vertu,
    C'est un grand héritage.

SIXIÈME COUPLET

Par un acteur pour l'auteur.

C'est par ma bouche que l'auteur
    Tout neuf sur le Parnasse,
Qui vous choisit pour protecteur,
    Vient vous demander grâce.
De biens il est mal partagé ;
    Mais par votre suffrage
Il se croira dédommagé :
    C'est un bon héritage.

LES SOUHAITS

Sur un air du *Prologue de l'opéra du Carnaval du Parnasse.*

Ma mie,
Ma douce amie,
Réponds à mes amours.
Fidèle
A cette belle,
Je l'aimerai toujours.
Si j'avois cent cœurs,
Ils ne seroient remplis que d'elle ;
Si j'avois cent cœurs,
Aucun d'eux n'aimeroit ailleurs.
Ma mie, *etc.*

Si j'avois cent yeux,
Ils seroient tous fixés sur elle ;
Si j'avois cent yeux,
Ils ne verroient qu'elle en tous lieux,
Ma mie, *etc.*

Si j'avois cent voix,
Elles ne parleroient que d'elle;
Si j'avois cent voix,
Toutes rediroient à la fois,
Ma mie, *etc.*

Si j'étois un dieu,
Je voudrois la rendre immortelle;
Si j'étois un dieu,
On l'adoreroit en tout lieu,
Ma mie, *etc.*

Fussiez-vous cinq cent,
Vous seriez tous rivaux près d'elle;
Fussiez-vous cinq cent,
Chacun voudroit en être amant.
Ma mie, *etc.*

Eussiez-vous cent ans,
Nestor rajeuniroit pour elle;
Eussiez-vous cent ans,
Vous retrouveriez le printemps.
Ma mie, *etc.*

LA CHASSE

Sur l'air : *Tonton, tontaine, tonton.*

C'est ici des bois de Cythère
Le plus agréable canton ;
Tontaine, tontaine, tonton.
Sous la plus petite bruyère,
Il est du gibier à foison ;
 Tonton, tontaine, tonton.

Si l'on manque souvent sa proie,
N'en cherchez point d'autre raison ;
Tontaine, tontaine, tonton :
C'est qu'on s'écarte de la voie,
Et que le piqueur n'est pas bon ;
 Tonton, tontaine, tonton.

Apprenez les règles succinctes
De la chasse de Cupidon ;
Tontaine, tontaine, tonton :

Il ne faut point faire d'enceintes,
Ce n'est point la bonne façon ;
   Tonton, tontaine, tonton.

Ne chassez point sur les brisées
Qu'avant vous d'autres chasseurs font ;
Tontaine, tontaine, tonton.
Ce sont des prises trop aisées,
Et le plaisir n'en est pas long ;
   Tonton, tontaine, tonton.

Si vous revoyez à la quête
D'un pied bien petit, bien mignon ;
Tontaine, tontaine, tonton :
C'est bon signe, et sans voir la tête,
Il est courable, j'en réponds ;
   Tonton, tontaine, tonton.

Évitez de prendre le change ;
Le cerf de meute est le seul bon ;
Tontaine, tontaine, tonton.
Dès qu'une fois l'on s'en dérange,
En vain l'on sonne sur ce ton :
   Tonton, tontaine, tonton.

Tomber en défaut, c'est un crime,
Mais qui mérite le pardon ;
Tontaine, tontaine, tonton.
Le trop d'ardeur qui nous anime
En est quelquefois la raison ;
   Tonton, tontaine, tonton.

Chansons.

Hourvari! reprenez courage,
Ce n'est pas un si grand affront :
   Tontaine, tontaine, tonton.
Qui se dépite n'est pas sage,
On le répare en tenant bon;
   Tonton, tontaine, tonton.

Aux abois quand la bête est mise,
Profitez de l'occasion :
   Tontaine, tontaine, tonton.
Mais ne sonnez jamais la prise;
La fanfare est d'un fanfaron ;
   Tonton, tontaine, tonton.

Ces règles qu'ici je vous donne,
En ai-je fait usage? Non.
   Tontaine, tontaine, tonton.
A la chasse assez bien je sonne,
Mais je fais toujours creux buisson.
   Tonton, tontaine, tonton.

Si quelquefois d'une fourrée
J'ai fait lever gentil tendron;
   Tontaine, tontaine, tonton ;
Jamais je n'en fis la curée,
Pour m'amuser trop à ce ton :
   Tonton, tontaine, tonton.

Je fais l'aveu de mes foiblesses,
Sans imiter ces fanfarons;
   Tontaine, tontaine, tonton ;

Qui content de fausses prouesses :
Amants et chasseurs sont Gascons.
Tonton, tontaine, tonton.

L'AMITIÉ

A MONSIEUR L'ABBÉ DE LA PORTE

Sur l'air : *Ne m'entendez-vous pas ?*

Sous le nom d'amitié,
Plus d'un cœur est perfide ;
L'intérêt qui le guide
Est souvent de moitié
Sous le nom d'amitié.

Sous le nom d'amitié,
En finesse on abonde ;
Et la moitié du monde
Trompe l'autre moitié
Sous le nom d'amitié.

Sous le nom d'amitié,
Un fol amour se cache :

On voit la moindre attache,
Et souvent la pitié
Sous le nom d'amitié.

De ma tendre amitié
La cause est légitime;
Son principe est l'estime,
Et toujours de moitié
De ma tendre amitié.

De ma tendre amitié
Pourriez-vous vous défendre?
Non; vous devez me rendre
Tout au moins la moitié
De ma tendre amitié.

LE PETIT COLLET

Sur l'air : *V'là c'que c'est d'aller au bois.*

L'ABBÉ triomphe du plumet,
V'là c'que c'est qu'un p'tit collet.
On le croit prudent et discret ;
    Et la plus sévère
    Consent à tout faire,
Pourvu que ce soit en secret :
V'là c'que c'est qu'un p'tit collet.

Pourvu que ce soit en secret,
V'là c'que c'est qu'un p'tit collet.
De la façon dont il le fait,
    Ni sa renommée,
    Ni sa bien-aimée
Ne risquent point le quolibet :
V'là c'que c'est qu'un p'tit collet.

Ne risquent point le quolibet,
V'là c'que c'est qu'un p'tit collet.

Le plumet a trop de caquet,
    Et de sa victoire
    N'aime que la gloire.
L'abbé jouit ; mais il se tait :
V'là c'que c'est qu'un p'tit collet.

L'abbé jouit ; mais il se tait :
V'là c'que c'est qu'un p'tit collet.
Il fait moins de bruit que d'effet ;
    Voici sa maxime :
    L'amour n'est point crime ;
C'est la façon dont on le fait :
V'là c'que c'est qu'un p'tit collet.

C'est la façon dont on le fait ;
V'là c'que c'est qu'un p'tit collet.
N'a-t-il pas raison en effet ?
    On s'aime sans crainte ;
    On rit sans contrainte,
Lorsque personne ne le sait :
V'là c'que c'est qu'un p'tit collet.

LA CRITIQUE

*Plusieurs gens de lettres ayant critiqué
quelques chansons de l'auteur,
il leur répondit par les couplets suivants.*

Sur l'air du *Cap de Bonne-Espérance.*

Quoi ! pour quelques vers lyriques
Que j'ai faits en belle humeur,
Je trouverai cent critiques,
Et passerai pour auteur ;
De quel droit, troupe pédante,
Osez-vous, lorsque je chante,
Troubler d'innocents loisirs
Et critiquer mes plaisirs ?

De par le dieu d'Hippocrène,
Quand vous seriez faits censeurs,
Je suis hors de son domaine,
Et me moque des neuf Sœurs.
Je ne rime que pour rire ;

C'est le plaisir qui m'inspire ;
Et tous mes vers sont exquis,
S'ils amusent mes amis.

J'aime mieux le badinage
De nos chansonniers joyeux,
Que le sublime étalage
Des rimeurs les plus fameux.
Toujours chercher à bien dire,
C'est un travail, un martyre :
Il faut trop longtemps rêver
Quand on veut si bien trouver.

Presque toujours il arrive
Qu'un grand auteur n'est qu'un sot,
Un fort ennuyeux convive,
Et qui ne dit pas un mot.
A table il vaut bien mieux faire
Un méchant *laire lan laire,*
Qu'au fond de son cabinet
Le plus excellent sonnet.

Mon vrai Parnasse est la table ;
Bacchus, mon seul Apollon :
Sa liqueur est préférable
A la source d'Hélicon.
Fi des neuf vieilles pucelles !
Mon aimable Iris, mieux qu'elles,
Sait m'inspirer à propos
Chansonnettes et bons mots.

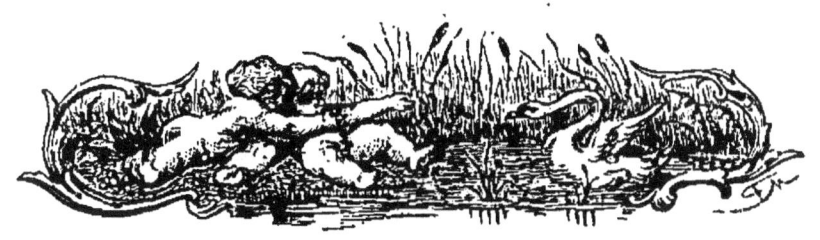

LES PANTINS

A MADAME COQUEBERT, DE REIMS[1]

Sur l'air du *Cap de Bonne-Espérance.*

L'AUTRE jour un philosophe
Joyeux, aimable et badin
(Il en est de toute étoffe),
Faisoit danser un pantin.

1. Cette chanson fut faite à Reims à propos d'une pièce intitulée *les Pantins*, dont l'abbé de Saulx, chanoine de cette ville, était l'auteur. — Dans le courant de l'année 1747, Paris et la province s'amusèrent beaucoup de joujoux appelés *Pantins* et *Pantines*. Ces petites figures en carton, que des fils attachés aux bras, à la tête et aux jambes permettaient de faire danser, ne s'offraient pas seulement aux enfants pour les amuser, mais encore « à toutes les femmes et filles ». au dire de Barbier : on en voyait dans toutes les maisons. Cette manie donna lieu à de nombreuses chansons.

En jouant, il examine
De la nouvelle machine
Tous les fils et les ressorts,
Qui meuvent ce petit corps.

Or voici comme ce sage
Badinoit en raisonnant,
Ou, si l'aimez davantage,
Raisonnoit en badinant :
Cette petite figure
Rend, dit-il, d'après nature,
Ce qui nous met tous en train :
Tout homme est un vrai pantin.

La passion dominante
Est le fil et le ressort,
Qui, dans une main savante,
Fait tout mouvoir sans effort.
Il en est de toute espèce ;
Car chacun a sa foiblesse :
Un cordon, ou rouge ou bleu,
Suffit pour tout mettre en jeu.

Lorsque, pour une coquette,
L'amour nous fait soupirer,
Le cordon de la fleurette
Est celui qu'il faut tirer.
Une plus grande ressource,
C'est le cordon de la bourse ;
Sitôt qu'on le tirera,
La pantine dansera.

Regardez cette figure,
Qui représente Thémis,
Qui, dit-on, d'une main sûre,
Pèse et met tout à son prix :
Dans les biens qu'elle dispense,
Qui fait pencher la balance ?
C'est un petit filet d'or,
Qui fait aller le ressort.

Trissotin, le parasite,
A pris, pour son protecteur,
Un financier sans mérite,
Qui n'a que de la hauteur.
Il encense son idole
En prodiguant l'hyperbole ;
Qu'est-ce que fait Trissotin ?
Il fait danser son pantin.

Damis approuve l'ouvrage
Que Martin dit avoir fait ;
Enchanté de son suffrage,
Le filet fait son effet.
Martin se croit un Pindare ;
Il vole plus haut qu'Icare ;
Il décide en souverain ;
Voyez danser le pantin.

Gâcon fait l'apothéose
De la suffisante Iris :
Il célèbre en vers, en prose
L'objet dont il est épris ;

Ne fût-elle qu'une buse,
L'auteur l'appelle sa Muse ;
Il a tiré le filet,
Le ressort fait son effet.

Pour vous, aimable Thémire,
On a beau vous cajoler ;
Quelque filet que l'on tire,
Rien ne peut vous ébranler.
Philosophe et sûre amie,
Vous riez de la folie
De tous les foibles humains
Et vous moquez des pantins.

LE COQ

Air nouveau.

C'est le coq de notre village,
Qui m'éveille dès le matin ;
Mon époux, rêveur et chagrin,
N'entend jamais son ramage :
Je le quitte et vais à Colin.
Qu'il est gentil, qu'il est badin ! *(bis.)*
De son amour
Chaque jour,
Il me donne plus d'un gage.
C'est le coq de notre village.

L'ÉLOGE DES VIEUX

Sur l'air : *Lison dormoit dans un bocage.*

Vous connoissez dame Gertrude,
C'est une femme à sentiment,
Qui n'est ni coquette ni prude,
Mais qui pense solidement.
L'on ne voit point chez cette belle
De jeunes gens avantageux ;
Ce sont des vieux, ce sont des vieux,
Qu'elle aime à recevoir chez elle ;
Ce sont les vieux, ce sont les vieux
Qu'avec raison elle aime mieux.

Les petits-maîtres sont volages,
On ne sauroit compter sur eux.
Les barbons sont prudents et sages,
Et méritent mieux d'être heureux.
Un jeune trompe sa maîtresse,
Et ceux qui la traitent le mieux,

Ce sont les vieux, ce sont les vieux :
Ils ont plus de délicatesse ;
Ce sont les vieux, ce sont les vieux,
Qui sont beaucoup moins dangereux.

Le jeune va courir sans cesse
Et voltige de fleurs en fleurs :
Le vieux s'en tient à sa maîtresse
Et sent le prix de ses faveurs.
Le jeune se croit un Narcisse,
Que rien n'est plus beau sous les cieux.
Ce sont les vieux, ce sont les vieux,
Qui savent se rendre justice ;
Ce sont les vieux, ce sont les vieux,
Qui craignent qu'on ne trouve mieux.

Le jeune, toujours dans l'ivresse,
Ne suit que son tempérament ;
Le vieux jouit avec sagesse,
Avec goût et discernement.
On est flatté de la tendresse
De ceux qui s'y connoissent mieux :
Ce sont les vieux, ce sont les vieux.
Leur choix, toujours plein de justesse,
Le choix des vieux, le choix des vieux
Est aux dames plus glorieux.

Le jeune assez souvent s'expose
A des regrets, à des douleurs ;
Il cueille une brillante rose,
Sans voir l'épine sous les fleurs.

Amour s'en plaignit à sa mère,
Un jour, dit-on, la larme aux yeux.
Quand on est vieux, quand on est vieux,
On examine, on considère ;
Quand on est vieux, quand on est vieux,
On est moins vif et plus soigneux.

Si l'on n'est pas si bien traitée
Par un vieux que par un cadet,
Du moins on est plus respectée,
Et son hommage est plus discret ;
Sans abuser de sa victoire,
Il est doux et cache ses feux :
Prenez un vieux, prenez un vieux,
Il ménagera votre gloire ;
Prenez un vieux, prenez un vieux,
Et vous vous en trouverez mieux.

LA MORT CHRÉTIENNE

Sur l'air des *Billets doux*.

L'IMPRUDENT affronte la mort;
Le coupable craint son abord;
   Le malheureux l'appelle;
Le sage sait s'y préparer,
Sans la craindre ou la désirer;
   Quel plus digne modèle?

Tel est, non du sage païen,
Mais du philosophe chrétien,
   Le parfait caractère :
Il reconnoît un Dieu vengeur;
Mais il sait qu'il est un Sauveur,
   En qui seul il espère.

Ah! qu'un mortel est malheureux
Qui n'attend qu'un néant affreux,
   Au sortir de ce monde;

Qui croit, étouffant ses souhaits,
Qu'il va retourner pour jamais
    Dans une nuit profonde!

Plus malheureux qui, sans avoir
Le plus léger rayon d'espoir,
    N'attend que le supplice;
Et qui de son maître irrité,
Ne comptant plus sur la bonté,
    Ne craint que sa justice.

Heureux celui qui de son corps
Voyant affoiblir les ressorts,
    Sent son âme immortelle,
Et compte, en quittant ce bas lieu,
Aller jouir au sein de Dieu,
    D'une gloire éternelle!

Heureux celui qui, de ses jours
Voit finir le pénible cours
    Comme un pèlerinage,
Et qui n'envisage la mort
Que comme un favorable port
    Après un long orage!

ADIEUX AU MONDE

Sur l'air des *Billets doux*.

J'AURAI bientôt quatre-vingts ans :
Je crois qu'à cet âge il est temps
   De dédaigner la vie.
Aussi je la perds sans regret,
Et je fais gaîment mon paquet ;
   Bonsoir la compagnie !

J'ai goûté de tous les plaisirs ;
J'ai perdu jusques aux désirs ;
   A présent je m'ennuie.
Lorsque l'on n'est plus bon à rien,
On se retire, et l'on fait bien ;
   Bonsoir la compagnie !

Lorsque d'ici je partirai,
Je ne sais pas trop où j'irai ;
   Mais en Dieu je me fie :
Il ne peut me mener que bien ;

Aussi je n'appréhende rien :
Bonsoir la compagnie !

Dieu nous fit sans nous consulter,
Rien ne sauroit lui résister ;
   Ma carrière est remplie.
A force de devenir vieux,
Peut-on se flatter d'être mieux ?
   Bonsoir la compagnie !

Nul mortel n'est ressuscité,
Pour nous dire la vérité
   Des biens d'une autre vie.
Une profonde obscurité
Est le sort de l'humanité ;
   Bonsoir la compagnie !

Rien ne périt entièrement,
Et la mort n'est qu'un changement,
   Dit la philosophie.
Que ce système est consolant !
Je chante, en adoptant ce plan :
   Bonsoir la compagnie !

Lorsque l'on prétend tout savoir,
Depuis le matin jusqu'au soir,
   On lit, on étudie ;
On n'en devient pas plus savant ;
On n'en meurt pas moins ignorant ;
   Bonsoir la compagnie !

A MADAME L. B. D. B.

Pendant qu'elle dormoit.

Sur l'air : *Do do, l'enfant dormira tantôt.*

AH! Thémire, à vous voir dormir,
Si l'on trouve un plaisir extrême,
Que votre réveil doit ravir
Un cœur délicat qui vous aime !
Vos yeux fermés ont tant d'appas,
Ouverts, combien n'en ont-ils pas ?
    Do do, l'enfant do,
  L'enfant dormira tantôt.

Dans un sommeil si gracieux
Quel cœur ne vous rendroit les armes ?
Même aux yeux d'Hylas amoureux
Issé n'avoit pas tant de charmes.

Mille amours qui suivoient vos pas
S'arrêtent pour chanter tout bas :
  Do do, *etc.*

Je crois voir le dieu du sommeil
Ordonner à d'aimables songes,
Pour différer votre réveil,
De vous flatter par leurs mensonges.
— Portez l'Amour entre ses bras,
Dit-il, et chantez-lui tout bas :
  Do do, *etc.*

— Sommeil, fais-lui voir en dormant
De ses amants le plus fidèle.
Tu sais que je n'ose autrement
Me déclarer à cette belle :
Même, en tremblant à ses genoux,
Je chante du ton le plus doux :
  Do do, *etc.*

Que ne peut-elle sommeiller
D'un sommeil plus profond encore !
Que ne puis-je, sans l'éveiller,
Lui prouver combien je l'adore !
Gentils amours, rassemblez-vous
Autour d'elle et bourdonnez tous :
  Do do, *etc.*

Dormez, trop fidèles échos,
Respectez l'objet qui m'engage.
Doux rossignols, tendres oiseaux,

Interrompez votre ramage,
Ou que vos accents soient si doux,
Qu'ils semblent chanter avec nous :
    Do do, *etc*.

Soleil, adoucis tes ardeurs ;
Ruisseau, modère ton murmure ;
Zéphire, agite moins les fleurs ;
Que tout soit calme en la nature
Pendant son assoupissement,
Ou que tout dise tendrement :
    Do do, *etc*.

PIÈCES DIVERSES

PIÈCES DIVERSES

ÉPIGRAMME

A MADAME D'HÉROUVILLE

Qui avoit jeté de l'eau au visage de l'auteur.

Iris, au retour de la chasse,
L'autre jour, pour se divertir,
D'un pot d'eau m'eût couvert la face,
Si n'eusse su m'en garantir.
D'abord je badinai comme elle,
J'en ris, mais depuis j'ai pensé
Que ce n'étoit pas bagatelle;
Que si son eau m'eût arrosé,
Peut-être aussitôt par la belle

J'eusse été métamorphosé.
Il n'en fallut pas davantage,
Pour changer en cerf Actéon :
Diane lui jeta, dit-on,
Deux gouttes d'eau sur le visage :
Les cornes lui vinrent au front.
Quand mesdames les Immortelles
Veulent parfois rire avec nous,
Craignons, craignons toujours leurs coups :
Il ne fait pas sûr avec elles.

ÉPITHALAME

*Pour un homme fort vieux qui épousoit
une vieille demoiselle.*

Depuis qu'Amour au nouveau monde
A pris pour femme la Raison,
Il n'est plus, comme étant garçon,
D'une humeur folle et vagabonde :
Ho ! qu'il a bien changé de ton !
Il est sage comme un Caton.
Quand il veut causer quelque flamme,
Former quelque nouveau lien,
Il demande avis à sa femme,
Et sans son conseil ne fait rien :
Donc il fait presque toujours bien ;
Dame Raison est une dame,
Dont l'avis vaut mieux que le sien.
S'il escamote quelque flèche
Du carquois qu'il a sur le dos,

Pour s'en aller mal à propos
A de jeunes cœurs faire brèche,
Raison s'en aperçoit bientôt,
Et vous l'étrille comme il faut.
Il aperçut certaine fille,
L'autre jour, auprès d'un buisson,
Pucelle ou non, mais fort gentille,
Avec un beau jeune garçon :
Tout aussitôt le bon apôtre,
Qui crut qu'il étoit sans témoin
Et que la Raison étoit loin,
Dit : Ces cœurs sont faits l'un pour l'autre ;
Qu'ils sentent l'effet de mes traits.
Mais la Raison étoit plus près
Qu'il ne croyoit, et quand il pense
Les attraper d'un trait qu'il lance,
La Raison le saisit soudain,
Détourne l'arc avec sa main,
En même temps vous le régale
D'une longue mercuriale :
« Vous alliez là faire un beau coup !
Vous vous embarrassez beaucoup
De me tenir votre parole.
Ce jeune fou, cette autre folle
Que vous vouliez rendre amoureux,
Auroient fait un joli ménage,
Si l'hymen eût serré leurs nœuds,
Comme vous le vouliez, je gage.
Ils ont tous deux quelques appas ;
Mais leurs parents ne veulent pas
Qu'on leur parle de mariage.

Le garçon n'a pas un grand bien;
L'autre n'en a pas davantage :
Le prétendu n'est qu'un vaurien;
La fillette n'est pas trop sage;
Elle est coquette, il est volage.
Ils ne se sont vus qu'une fois;
Leur humeur en rien ne ressemble;
Vous voulez les unir ensemble;
Ils s'aimeroient pendant six mois,
Se haïroient toute leur vie,
Enrageroient de leur folie.
Dites voir que j'en ai menti;
Là je vous trouve *in flagranti* :
Ne soyez donc plus volontaire;
A mes conseils soyez soumis;
Vous me l'avez cent fois promis.
Or, pour apaiser ma colère,
Je vois à quelques pas de nous
Deux cœurs plus dignes de vos coups :
Exercez sur eux votre adresse;
Épuisez sur eux tous vos traits;
Inspirez-leur cette tendresse,
Qui fait qu'on s'aime pour jamais.
Ils sont tous deux dans l'âge aimable
Auquel on devroit s'enflammer,
Où la raison permet d'aimer,
Et l'amour d'être raisonnable.
L'un est le tendre D***,
L'autre l'aimable R*** :
Vous ne pouvez les méconnoître.
Embrasez-les de tous vos feux;

Et que l'hymen les rende heureux
Autant qu'ils méritent de l'être. »
L'Amour aussitôt obéit ;
Chacun de nous s'en réjouit.

RONDEAU

A MADAME SANSON.[1]

C'EST tout mon bien, cousine ma mignonne,
C'est tout mon bien qu'une muse bouffonne.
Je te présente un plat de sa façon ;
C'est un rondeau ; s'il ne te paroît bon,
Je n'en puis mais, il faut qu'on me pardonne.
Tu le sais mieux mille fois que personne,
Qu'au moins chez moi l'intention est bonne ;
Je ne saurois te faire un autre don :
      C'est tout mon bien.
Richesse n'est ce que j'ambitionne,
Et ne voudrois des dieux une couronne,
Que pour l'offrir à ma chère Manon :
Mais je fais là vainement le gascon ;
Je n'ai qu'un cœur, prends-le, je te le donne ;
      C'est tout mon bien.

1. C'est la même à qui est adressée la première épître.

ODE A SA MAITRESSE [1]

TROP inconstante maîtresse,
Quel est ce nouveau berger
Qu'avec tant d'art et d'adresse
Tu sus si bien engager ?

Qu'il est content de lui-même !
Qu'il est enchanté de toi !
Il croit que le bien suprême
Est de vivre sous ta loi.

Loin de lui porter envie,
Je le plains et n'ai pas tort :
J'avois sa même folie ;
Il aura mon même sort.

1. Cette pièce est une imitation de l'ode *ad Pyrrham*, d'Horace. (*Odes*, L, 1, 5.)

Ébloui par ta parure,
Prévenu par tes façons,
Il croit que de la nature
Ce sont les précieux dons.

Ainsi que dans ton visage
Il ne soupçonne aucun fard,
Il croit que dans ton langage
L'art n'a pas la moindre part.

Il compte sur tes promesses,
Sur tes pleurs, sur tes serments,
Sur ces perfides caresses
Qu'éprouvent tous tes amants.

Il croit que ton cœur fidèle
N'aimera jamais que lui ;
Qu'il te verra toujours belle,
Comme il te voit aujourd'hui.

Que cet état plein de charmes,
Ces délicieux transports,
Doivent lui coûter de larmes,
De soupirs et de remords !

Il ne craint point la tempête
Dans ce calme dangereux,
Et je la vois qui s'apprête,
Il va périr à mes yeux.

A peine d'un même orage
Échappé, non sans effort,
Je rirai de son naufrage,
En me séchant dans le port.

AUTRE A BACCHUS

Bacchus, je voue à ta gloire
Le reste de mes jours;
Bannis de ma mémoire
L'objet de mes amours.
Après un long martyre
Enfin j'ai brisé mes nœuds
Bacchus, c'est sous ton empire
Qu'on est vraiment heureux.

Sous la plus aimable chaîne
Un cœur est-il content?
Lui-même de sa peine
N'est-il pas l'instrument?
La crainte le déchire,
Les soins, les soupçons affreux.
Bacchus, c'est sous ton empire
Qu'on est vraiment heureux.

L'amant veut comme un sauvage
Jouir seul de son bien ;
Mais le buveur partage
Avec plaisir le sien.
L'amant rêve et soupire,
Et le buveur est joyeux.
Bacchus, c'est sous ton empire
Qu'on est vraiment heureux.

D'une insensible Lucrèce
Pour fléchir les rigueurs,
Combien faut-il d'adresse
Et de serments trompeurs ?
Bacchus, dès qu'on soupire,
S'empresse à remplir nos vœux.
Ce n'est que sous son empire
Qu'on est vraiment heureux.

Quand une ingrate maîtresse
Nous préfère un rival,
Au tourment qui nous presse
Quel supplice est égal !
Jamais Bacchus n'inspire
De ces transports odieux.
Ce n'est que sous son empire
Qu'on est vraiment heureux.

Si quelquefois dans l'ivresse
Notre raison s'endort,
Cet instant de foiblesse
Se répare d'abord ;

Mais l'amoureux délire
Est plus long, plus dangereux.
Bacchus, c'est sous ton empire
Qu'on est vraiment heureux.

L'amant heureux doit se taire
Et ne rien révéler :
L'amour veut du mystère,
Bacchus nous fait parler.
A table on peut tout dire ;
Le vin rend ingénieux.
Bacchus, c'est sous ton empire
Qu'on est vraiment heureux.

PORTRAIT

DE

MADAME DE POÜILLY

Qui voit Pouilly prier au temple
Croit voir un ange en ce saint lieu
Descendu, pour donner l'exemple
Du vrai culte qu'on doit à Dieu.

Elle est si modeste et si belle
Que tout mortel à son aspect,
Surpris, charmé, reste près d'elle
Entre l'amour et le respect.

Si la vertu paroît aimable;
En empruntant de si beaux traits,
La beauté devient respectable
Avec de si nobles attraits.

On est, en la voyant paroître,
Dans un double état différent;
Même à l'amour qu'elle fait naître
Elle en impose en l'inspirant.

AUTRE
DE
MADEMOISELLE GAUSSIN

De la Comédie-Françoise 1.

De Gaussin partout adorée,
Et par mille auteurs célébrée
Si j'osois tracer le portrait,
Ma sottise seroit extrême,
Quand l'Amour, peintre plus parfait,
Dans tous les cœurs l'a peint lui-même.

1. Jeanne-Catherine Gaussin ou Gaussem, était fille d'Antoine Gaussem, ancien laquais de l'acteur Baron et de Jeanne Colot, dite Mlle Defry, ouvreuse de loges de la Comédie-Française. Belle, douée d'une voix charmante dont le son allait au cœur, cette actrice possédait encore un regard qui, selon l'expression de Marmontel (*Mémoires*, éd. Barrière, p. 101), avait dans les larmes un charme inexprimable, aussi devint-elle rapidement l'idole du public. A dix-sept ans, Mlle Gaussin débuta à Lille;

Dire qu'elle est belle et jolie,
De Melpomène et de Thalie
Qu'elle a les grâces, les talents,
C'est ce que personne n'ignore,
C'est ce qu'on en dit de tout temps,
Et qu'on dira longtemps encore.

Soutenir qu'elle est plus charmante
Que tout ce qu'elle représente,
Et que son talent embellit
Racine, Corneille et Voltaire
Par les grâces de son débit;
C'est le cri de tout le parterre.

peu après, ses succès lui valurent l'ordre de venir à la Comédie-Française, où elle se fit surtout applaudir dans les rôles de *Junie*, d'*Iphigénie* et d'*Andromaque*. Elle créa celui de *Zaïre* et réussit non moins dans la comédie; grâce à son air de candeur et d'ingénuité, elle put même jusque dans un âge avancé jouer les *Jeunes amoureuses*. Mlle Gaussin quitta le théâtre en 1763 et mourut le 9 juin 1767. En 1759, elle avait épousé Tavolaïgo, danseur de l'Opéra, qui la rendit très malheureuse.

AUTRE

DE

LA COMTESSE SABATTINI[1]

Vous avez, belle Madelon,
Plus d'attraits que votre patronne,
Qui de son siècle, ce dit-on,
Étoit la plus belle personne.
Elle eut comme vous blanc chignon
Et chevelure d'Érigone;
Depuis le front jusqu'au talon

---

1. « Cette dame se nommoit Madeleine et l'auteur saisit cette circonstance pour faire ainsi son portrait (*note de De la Porte*). » Elle était la maîtresse du comte de Saint-Florentin. D'après les *Fastes de Louis XV* (t. Ier, p. 78, note), son premier mari s'appelait *Sabattin* et fut emprisonné par lettre de cachet. Plus tard elle épousa en secondes noces un gentilhomme auvergnat, du nom de Langeac, qui reconnut comme siens plusieurs enfants qu'elle avait eus de Saint-Florentin.

Faite comme Flore et Pomone;
Mais entre vous je ne soupçonne
Aucune autre comparaison;
Car elle avoit le cœur trop bon;
Pour vous, vous n'êtes pas trop bonne.
Elle avoit le regard fripon,
Et vous, celui d'une Amazone;
Elle, le cœur comme un tison;
Vous, froide comme une matrone.
Madeleine avoit le renom
D'être en amour un peu friponne;
Vous, fidèle comme Didon,
Ne voudriez pour la couronne
A votre ami faire faux bond.
Coquette en sa jeune saison,
Pénitente dans son automne,
De ses péchés elle eut pardon;
Vous pleine en tout temps de raison
Qui jamais ne vous abandonne,
L'obtiendrez-vous comme elle? Non.
Que voulez-vous qu'on vous pardonne?

L'HERMAPHRODITE.

A MADAME LE LIÈVRE

Femme du distillateur du roi.

BELLE Thémire, à voir en vous
Tant de grâces, tant de mérite,
Je vous crois, soit dit entre nous,
Une espèce d'hermaphrodite.

Le terme pourroit vous choquer,
Je n'ai dessein que de vous plaire;
J'ai donc besoin, pour l'expliquer,
D'un petit mot de commentaire.

Vous avez tous les agréments
Dont brille une femme adorable;
Vous y joignez les sentiments
Et tout l'esprit d'un homme aimable.

En amour comme en amitié,
Je ne vois rien qui vous ressemble,

Homme ou femme n'a que moitié
De ce qu'en vous nature assemble.

J'imagine qu'elle pétrit,
En vous formant, un corps de femme,
Et qu'ensuite elle se méprit,
D'un philosophe y mettant l'âme.

C'est donc avec raison, je crois,
Qu'hermaphrodite je vous nomme;
Puisque vous êtes à la fois
Femme jolie et galant homme.

STANCES

A MADEMOISELLE DE MARVILLE

L'AMOUR a comblé mes vœux,
Amis, ma fortune est faite :
Est-il un sort plus heureux
Que d'être aimé de Lisette ?

Je ne demande plus rien
Et mon âme est satisfaite :
Pour moi le souverain bien
C'est de posséder Lisette.

Tout plaît, tout charme mes yeux
Dans cette aimable retraite :
Où trouver de plus beaux lieux
Que ceux qu'habite Lisette ?

Des belles de ce hameau
Aucune n'est si parfaite,

Et je n'y vois rien de beau,
S'il n'approche de Lisette.

De l'eau pure est tout le fard
Qu'elle emploie à sa toilette ;
Et sans le secours de l'art
Tout enchante dans Lisette.

En vain mille amants nouveaux
Voudroient lui conter fleurette ;
Pour redouter mes rivaux,
Je suis trop sûr de Lisette.

Avec un morceau de lard
Nous ferions chère complète ;
Et tout vin devient nectar,
Quand je bois avec Lisette.

Absent d'elle un seul moment,
Tout m'ennuie ou m'inquiète :
Tout rit, tout devient charmant,
Dès que je revois Lisette.

AUTRES

SUR LA MÊME

*Cette demoiselle avoit dit à une personne
qu'elle croyoit que l'auteur avoit renoncé à l'amour
et étoit devenu dévot.
Ce propos fut redit au poète qui y répondit ainsi.*

Quoi! Philis, qui doit me connoître,
M'a soupçonné de pouvoir être
Déserteur du dieu des amours?
Ah! loin d'être un sujet rebelle,
Je renouvelle tous les jours
Les vœux que j'ai faits avec elle.

Quand avec cet objet volage
On a fait son apprentissage
Et qu'on a servi sous ses lois,
On ne quitte point la partie.
Les cœurs qu'elle engage une fois
Servent l'Amour toute leur vie.

Je lui pardonne les alarmes,
Les regrets, les transports, les larmes
Et tous les maux que j'ai soufferts.
Quand l'ingrate brisa nos chaînes,
Les plaisirs que j'eus dans ses fers
D'avance avoient payé mes peines.

Qu'à son tour elle me pardonne,
Elle que j'ai connu si bonne,
Ce qu'alors un juste courroux
Me fit dire trop haut contre elle :
Le désespoir d'un cœur jaloux
Prouve qu'il est toujours fidèle.

Contre une maîtresse parjure
Un amant n'éclate ou murmure
Qu'autant qu'il en sent tout le prix,
Et sa colère est pardonnable :
Plus il se plaint de ses mépris,
Plus il la fait paroître aimable.

RÉFLEXIONS SÉRIEUSES

Je veux mettre un intervalle
Entre la vie et la mort ;
Songeons à l'heure fatale
Qui doit décider mon sort.

C'est un moment qu'appréhende
Le plus malheureux mortel ;
Il faut donc qu'il en dépende
Un autre état éternel.

Si la mort n'étoit suivie
D'aucun mal ni d'aucun bien,
Regretteroit-on la vie ?
Que craindre s'il n'est plus rien ?

Une intelligence sage
N'a pu rien créer en vain ;
Si la vie est un passage,
Il nous mène à quelque fin,

Quoi! quand rien dans la nature
Ne rentre dans le néant,
L'âme plus noble et plus pure
Périroit entièrement ?

Dieu m'auroit-il donné l'être,
Pour n'exister qu'un moment ?
A quoi bon me faire naître,
Pour me détruire à l'instant

La raison, cette lumière
Qu'il refuse aux animaux,
Qui me guide et qui m'éclaire
Sur les biens et sur les maux

A quoi me serviroit-elle,
S'il n'étoit loi ni devoir ?
Et si mon âme est mortelle,
D'où vient la crainte et l'espoir ?

L'instinct seroit préférable
Au plus sûr raisonnement ;
Et, loin d'être secourable,
Il seroit un vrai tourment.

Mais là le plus beau génie
Qui s'élève jusqu'aux cieux,
Et qui connoît l'harmonie
De tant d'astres radieux,

Qui dans un savant système
En explique les accords,

Ne se connoît pas soi-même,
Ni ses intimes ressorts.

O raison ! lumière sombre,
Ton foible éclat ne nous luit
Dans le brouillard et dans l'ombre
Que pour nous montrer la nuit !

Ta lueur dans les ténèbres
Ne me découvre aucun bien ;
Avec tes rayons funèbres
Je crois voir, et ne vois rien.

Je suis né sans connoissance ;
Dans le doute j'ai vécu
Et je meurs dans l'ignorance.
O ma pauvre âme, où vas-tu ?

C'est ainsi qu'un de nos maîtres,
Dans ce moment plein d'effroi,
S'écrioit : Être des êtres,
Daigne avoir pitié de moi.

O savants ! de votre étude
Voilà donc l'unique fruit !
Une triste incertitude
Est tout ce qu'elle produit.

Plus heureuse l'ignorance
De ces mortels pleins de foi,
Qui vivent dans l'espérance,
Et qui meurent sans effroi.

Ils croient sans répugnance
Ce qu'ils ne comprennent pas,
Dans une ferme assurance
De vivre après leur trépas.

O Dieu ! que je porte envie
A tant de docilité !
Hé ! quelle philosophie
Vaut cette sécurité ?

Pour moi, quand dans la nuit noire
Je ne vois qu'obscurité,
En vain je m'efforce à croire,
Sans sentir la vérité.

C'est un effort qui me passe ;
Peut-on se donner la foi ?
Grand Dieu ! si c'est une grâce,
Par pitié, donne-la-moi.

Tire-moi de cet abîme
Où ma raison m'a jeté ;
Ou ne me fais point un crime
De mon incrédulité.

Mais ! dira-t-on, quel blasphème !
Quoi ! ta raison veut juger
L'auteur de la raison même,
Et prétend l'interroger ?

Quoi ! cette raison rebelle
Ne veut rien croire d'obscur,

Ce que Dieu même révèle
Ne doit-il pas être sûr ?

Pour n'être pas vraisemblable,
En est-il moins vérité ?
N'est-il pas incontestable
Avec cette autorité ?

Ignores-tu les oracles
Par son esprit inspirés ?
Doutes-tu de ses miracles
Publiquement avérés ?

Non, j'entrevois la lumière ;
Mais quel est mon triste état ?
D'abord ma foible paupière
Se referme à son éclat.

Grand Dieu ! raffermis ma vue ;
Aide mon infirmité,
Fais que la brillante nue
Se tourne de mon côté.

Je te rends hommage et gloire ;
Dieu puissant, exauce-moi ;
Je sens que je devrois croire ;
Mais je ne puis rien sans toi.

VERS

*Que fit l'auteur un jour qu'une nombreuse compagnie
étoit venue lui demander à dîner.*

Je ne suis qu'un simple chanoine,
Et presque aussi pauvre qu'un moine;
Mais du pain, du vin, une couenne,
Hélas! pour vivre, en faut-il tant?
N'est-ce pas un bon patrimoine
Que de savoir vivre content?

Quel est dans Paris, je vous prie,
Le richard qui chez lui convie
Une aussi bonne compagnie,
Et chez qui l'on soit plus joyeux?
Son sort ne me fait point envie,
Ni celui de nos demi-dieux.

Dans l'Olympe, je le parie,
Malgré le nectar, l'ambroisie,

Et quoique Hébé soit si jolie,
On ne seroit pas mieux qu'ici ;
Ah ! que tous les jours de ma vie
Ne sont-ils comme celui-ci !

Je vois à ma petite table
Ces divinités, dont la fable
Fait un récit peu vraisemblable
Et que je réalise ici ;
Les cieux n'ont rien de plus aimable
Que les convives que voici.

LE PLAISIR

A MONSIEUR L'ABBÉ DE LA PORTE

*Qui avoit demandé à l'auteur
quand est-ce qu'il renonceroit aux plaisirs.*

Non, cher abbé, non la sagesse
Ne nous défend pas le plaisir;
A tout âge on en peut jouir,
Et même jusqu'en la vieillesse.
Sans adopter le sentiment
De Lucrèce ni d'Épicure,
Le seul instinct en dit autant,
Et c'est la voix de la nature.
Telle est la voix du Créateur;
Agir autrement, c'est l'enfreindre;
La seule douleur est à craindre;
La volupté fait le bonheur.
Ceux qui la défendent nous trompent
Où prêchent leurs propres erreurs :

Loin qu'elle corrompe nos mœurs,
Ce sont nos mœurs qui la corrompent.
Livrons-nous aux plaisirs permis,
A la volupté légitime :
De remords ils ne sont suivis
Que quand l'abus en fait un crime.
Jouissons des biens précieux
Que la main des dieux nous présente ;
C'est ingratitude envers eux,
Lorsque d'en jouir on s'exempte.
Ce qu'en eux ils ont mis d'appas
Et d'attrait flatteur qui nous tente
Est une preuve convaincante
Qu'ils ne nous les défendent pas.
La volupté bannit la crainte,
Établit la tranquillité,
N'admet la fourbe ni la feinte,
Et n'aime que la vérité.
Elle exclut jusqu'au moindre vice,
La folle superstition,
Surtout la haine et l'avarice,
Et tout excès de passion.
Gardons-nous de confondre ensemble
La débauche et la volupté ;
Car l'une et l'autre ne ressemblent
Pas plus que l'ombre à la clarté.

LE PORTRAIT

Vers adressés au portrait d'une maîtresse.

Portrait charmant de ce que j'aime,
Seul confident de mes amours,
Sans toi, sans ton puissant secours,
Que deviendrois-je, hélas! dans ma douleur extrême?
C'est toi qui suspends mes soupirs,
Aimable et précieuse image;
Te posséder me dédommage
De la perte de mes plaisirs.
C'est toi qui dans la solitude
Me tient lieu de la multitude :
Tu sais présenter à mes yeux
Les traits charmants de ma maîtresse,
Et, quoique absente de ces lieux,
Par toi je crois la voir et l'admirer sans cesse.
Mais cette douce illusion
Ne peut contenter que ma vue.
O toi! qui de Pygmalion

Jadis animas la statue,
Amour, écoute mes soupirs :
Je ne demande point et je ne suis pas digne
Qu'ainsi, par un prodige insigne,
Tu veuilles combler mes désirs.
Sans renverser pour moi l'ordre de la nature,
Sans animer cette peinture,
Amour, fais que l'objet charmant
Que cette image représente,
Cette Iris, que je pleure absente,
Vienne rejoindre son amant.
Oui, fais du moins que sans obstacle
Je puisse m'approcher des lieux
Qu'elle éclaire de ses beaux yeux.
Si, pour mériter ce miracle,
C'en est assez de bien aimer
Un objet digne de charmer,
Fut-il jamais une amante plus belle ?
Fut-il jamais un amant plus fidèle ?

MUSETTE

THYRSIS, voyant que sa Lisette
S'attendrissoit en l'écoutant,
N'avoit recours qu'à sa musette
Et ne s'exprimoit qu'en chantant.
Tu m'enchantes, dit la follette;
Mais veux-tu chanter tout le jour?
Hé quoi! Thyrsis, le tendre Amour
N'a-t-il donc point d'autre interprète?

Vois-tu sous ce naissant feuillage
Ces oiseaux badiner entre eux?
Ils interrompent leur ramage,
Pour prouver autrement leurs feux.
Tes tendres chants et ta musette
Peuvent m'amuser à leur tour;
Mais quoi! Thyrsis, le tendre Amour
N'a-t-il donc point d'autre interprète?

Amants, qui près d'une coquette
Croyez la charmer par vos sons,
Sachez qu'ainsi que pour Lisette,
Chansons pour elle sont chansons.
Vos tendres chants, votre musette
Peuvent l'amuser à leur tour;
Mais pour mieux exprimer l'amour
Changez quelquefois d'interprète.

LES AMANTS AISÉS

Air à faire.

Si Catin m'est peu fidèle,
Je ne suis pas en l'aimant
　　Plus constant.
Pourquoi me plaindrois-je d'elle,
Lorsque j'en fais tout autant ?
Elle est coquette à ma barbe ;
J'embrasse à ses yeux Daphné :
On me passe la rhubarbe
Et je passe le séné.

Mode mineur.

　　Tous deux contents
　D'une si douce chaîne,
　　Nos nœuds charmants
　Doivent durer longtemps.

Quel sort plus doux !
L'inquiétude et la peine,
Les soins jaloux
Ne sont pas faits pour nous.

LE VILLAGEOIS

QUI CHERCHE SON VEAU

Vers pour être mis sur le même air que les précédents.

Sous un arbre dont l'ombrage
Offroit des plaisirs charmants
    Aux amants,
Lise et l'objet qui l'engage
Comptoient profiter du temps.
Sur cet arbre en sentinelle
Un manant étoit grimpé,
Pour avoir quelque nouvelle
D'un jeune bœuf échappé.

Mode mineur.

Que vois-je, ô Dieux !
Que de lis et de roses

Dit l'amoureux,
Quel charme pour mes yeux!
Rien n'est si beau.
O toi, qui voit tant de choses,
Dit le lourdaud,
Ne vois-tu pas mon veau?

LA FEUILLE A L'ENVERS

*A une demoiselle
qui demandoit ce que cette expression vouloit dire.*

L'AUTRE jour, la jeune Lisette,
Aussi simple que son mouton,
Quoiqu'elle eût la mine coquette
Et le regard un peu fripon,
A son amant aussi sot qu'elle,
Et le plus sot de l'univers,
Disoit : Qu'est-ce que l'on appelle,
Berger, voir la feuille à l'envers?

Tout autre qu'un pareil Jocrisse
Auroit saisi l'occasion
De montrer à cette novice
Ce qu'on entend par ce dicton.
Lui, pour y ruminer, s'arrête
Et lui dit : Sous ces arbres verts,
Tiens, comme moi, lève la tête,
Tu verras la feuille à l'envers.

Lisette, se sentant émue,
Lui dit : Berger, reposons-nous,
Et sur le dos tout étendue,
Lançoit les regards les plus doux.
Quelle agréable solitude !
Que ces bosquets sont bien couverts,
Dit-elle ; ah ! qu'en cette attitude
On voit bien la feuille à l'envers !

Essayons, dit-il à sa belle,
Et tout aussitôt mon nigaud
Se met sur le dos auprès d'elle,
S'amuse à regarder en haut.
Amants, quand, près d'une bergère,
Tant de plaisirs vous sont offerts,
Vos yeux doivent voir la fougère
Et les siens la feuille à l'envers.

LE CABINET DU PHILOSOPHE

J'AIME beaucoup mon cabinet ;
Je passe en ce réduit secret
Plus de la moitié de ma vie ;
Mais ne crois pas, pauvre idiot,
Que là je lise et j'étudie ;
Non, non, je ne suis pas si sot.

Ce n'est Descartes, ni Newton,
Ni Virgile, ni Cicéron ;
Ce n'est Socrate, ni Sénèque,
Ni Platon surnommé divin,
Qui forment ma bibliothèque,
Mais force liqueur et bon vin.

Thémire, dont je suis la loi,
Vient philosopher avec moi :
Le spectacle de la nature,

Que tour à tour nous nous prêtons,
Y fait notre unique lecture ;
Nuit et jour nous le feuilletons.

Thémire est seule mon docteur,
Mon maître et mon répétiteur :
Sans avoir appris dans les classes
De vaines puérilités,
C'est sous ce régent plein de grâces
Que j'ai fait mes humanités.

L'éloquence est un art trompeur :
Jamais ce jargon suborneur
N'est employé par ma Thémire.
A quoi lui serviroit cet art ?
Elle n'a besoin, pour séduire,
D'autre moyen que d'un regard.

Entre nous deux jamais d'*ergo*,
Ni de sophisme *in baroco :*
Nous laissons ces vaines sciences,
Et nous tirons tout simplement
Nos preuves et nos conséquences
Du fond même du sentiment.

Sans alambiquer des secrets
Métaphysiques, trop abstraits,
C'est en consultant la nature
Que nous allons à son Auteur ;
Et dans la belle créature
Nous admirons le Créateur.

C'est dans cet aimable réduit
Que nous travaillons jour et nuit ;
Des lois de la saine physique
Nous faisons notre amusement,
Et nous réduisons en pratique
Les principes du mouvement.

Nous savons dans nos doux loisirs
Diversifier nos plaisirs.
Si nous raisonnons de morale,
Nous posons pour dogme certain
Qu'il faut éviter le scandale
Et toujours aimer son prochain.

Sur les controverses du temps
Sans faire de vains arguments,
Elle me prouve que la grâce,
Avec ses séduisants appas,
Par elle-même est efficace,
Et que l'on n'y résiste pas.

Nous respectons princes et rois,
Et ne connoissons d'autres lois
Que ce que la nature ordonne
Et ce que la raison nous dit :
Que l'on ne doit faire à personne
Que ce qu'on voudroit qu'on nous fît.

Cette belle est mon médecin ;
Je la préfère à Dumoulin ;
Car ma Thémire, d'une œillade,

Feroit revenir la santé ;
Et dans ses mains le plus malade
Est dans l'instant ressuscité.

De tout temps on a disputé
En quoi gît la félicité ;
Nous méprisons ces vains systèmes
De l'ignorance et de l'erreur,
Et nous éprouvons par nous-mêmes
Que s'aimer fait le vrai bonheur.

TRONCHINADE

On prétend que la Faculté
Au grand Tronchin[1] a député
Un des membres de son école,
Pour lui faire ce compliment,
Que vous trouverez assez drôle,

1. Tronchin (Théodore), né à Genève en 1709, fut un des plus célèbres médecins du XVIIIe siècle. Il avait suivi les cours du savant Boerhaave, en Hollande, et pratiquait avec un grand succès l'inoculation du virus variolique. En 1756, le duc d'Orléans l'appela de Genève à Paris, pour faire subir cette opération à ses deux enfants. Homme d'esprit, préférant aux méthodes empiriques, si chères aux diverses écoles de l'époque, des remèdes simples et surtout l'hygiène, Tronchin eut, dès son arrivée en France, la plus grande vogue à la cour, ainsi qu'à la ville. La jalousie de ses confrères, dont il renversait les systèmes le plus souvent absurdes, se manifesta plus d'une fois contre lui; mais il ne résulte nullement des Mémoires du temps, qu'elle ait essayé de se traduire par un ostracisme ridicule, comme le prétend Lattaignant. En effet, sauf quelques voyages à Genève, dans sa famille, Tronchin ne cessa de résider à Paris depuis 1756, et il y mourut le 30 novembre 1781.

Et qui l'est effectivement :
Monsieur, vous êtes fort habile ;
Nous en sommes tous convaincus ;
Mais c'est une raison de plus,
Pour vous chasser de notre ville,
Ou du moins pour vous ordonner,
Malgré toute votre science,
De ne plus dans Paris donner
De remède ni d'ordonnance.
Vous êtes docte et non docteur.
Or, n'ayant point de privilège,
Vous n'êtes qu'un opérateur,
A qui notre sacré Collège
A droit de donner mandement
De déguerpir dans le moment.
On vous fit venir de province,
Pour inoculer seulement
Le fils unique d'un grand prince
Que nous chérissons tendrement ;
Votre mission est remplie ;
Repartez donc incessamment.
C'est toute notre Compagnie
Qui vous l'ordonne expressément,
Ou, pour parler plus poliment,
Nous vous le demandons en grâce.
Le compliment n'est pas galant ;
Mais mettez-vous à notre place.
Depuis que vous êtes ici,
Nous ne gagnons pas une obole ;
Chez nous, nous périssons d'ennui.
Parlez ; vous êtes obéi ;

On vous croit comme le Symbole.
Si nous disons une parole,
On dit que nous avons menti.
Vous décriez notre méthode :
La saignée et les lavements,
Qui de tout temps sont à la mode,
Et sont nos premiers éléments :
Vous n'en faites aucun usage.
On vous regarde comme un sage,
Et nous comme des charlatans.
Vous traitez en trop peu de temps
Sans juleps et sans apozèmes[1].
Enfin vous avez des systèmes
Qui ne sont point connus de nous.
Tous vos discours sont des oracles,
Et vos cures sont des miracles :
Paris ne jure que par vous ;
Et jusques aux cieux on élève
De Boerhaave le digne élève.
C'est un Esculape nouveau,
Qui tire des bords du tombeau
Ceux que la Faculté condamne.
Le plus grand docteur n'est qu'un âne,
Un empirique, un assassin,
Auprès d'un si grand médecin.
Vous guérissez comme un apôtre ;
Vous vous exprimez comme un autre,

---

1. *Apozème*, potion composée d'une décoction ou infusion d'une ou de plusieurs substances végétales, à laquelle on ajoute divers autres médicaments, tels que sels, sirops, électuaires ou teintures.

Et tout le monde vous entend.
Vous parlez peu, mais sensément.
Toutes vos raisons sont sensibles,
Vos recettes intelligibles ;
A l'hypocondre, au vaporeux,
Sans user d'aucun artifice,
Vous n'ordonnez, vous moquant d'eux,
Que la diète et l'exercice.
Pour peu que vous restiez encor,
Nous n'avons qu'à fermer boutique,
Car nous n'avons plus de pratique,
Et nos malades n'ont plus d'or.
Puis vous n'êtes pas catholique ;
Mais à cela je ne dis rien ;
Est-il médecin qui se pique
D'être seulement bon chrétien ?
Agréez donc notre supplique.
Partez, sinon vous pourriez bien
Éprouver une fin tragique.
A ce discours si pathétique
Le sieur Tronchin, homme prudent,
Répond, à ce que l'on prétend,
Qu'il est prêt à plier bagage ;
Et moi je m'en vais en pleurant
Lui souhaiter un bon voyage.

PIÈCES INÉDITES

PIÈCES INÉDITES

ÉPITRE

A MONSIEUR DE LA GOILLE, DE REIMS

Amoureux depuis plus de vingt ans de Mlle de B...

Comment se porte le voisin ?
Est-il chez la voisine ?
Est-il joyeux, est-il chagrin ?
Elle gaie ou chagrine ?
Consulte-t-il le médecin ?
Prend-elle médecine ?
Je m'intéresse à leur destin,
Plus qu'il ne s'imagine,
Ainsi qu'à l'amour clandestin

Qui si fort les lutine,
Et j'attends toujours de sa main
Quelque épître badine ;
Je vois que je l'attends en vain :
Rien ne l'y détermine ;
A la paresse il est enclin,
Elle a trop pris racine ;
Mais j'espère qu'un beau matin
Sa chère Colombine
M'apprendra qu'il n'est plus contraint
D'aimer à la sourdine ;
Qu'au gré de leurs vœux à la fin
La chose se termine,
Et que l'hymen couronne enfin
Leur constance divine,
Et que vous êtes en chemin
Avec notre héroïne,
Pour [venir] goûter de mon vin.
Chez moi, je vous destine
Un beau grand lit de vert satin
Et petite cuisine ;
Mais quand je n'aurois que du pain
Avec une aveline,
Je vous ferois pour le certain
Tout au moins bonne mine.

ÉPITRE

ADRESSÉE PAR L'AUTEUR

A LA MARQUISE DE POMPADOUR

En lui envoyant ses petites poésies.

Comme *parent, non comme auteur,*
J'ose vous offrir mon hommage;
Rien ne me seroit plus flatteur
Que d'obtenir votre suffrage;
Mais le nom d'auteur me fait peur,
Je n'ai point composé d'ouvrage
Qui m'ait mérité cet honneur.
Je crains trop le moindre labeur:
Mes vers ne sont qu'un badinage,
Mon Apollon est dans mon cœur.
Sans avoir fait d'apprentissage,
Et simple peintre barbouilleur,
Autrefois j'ai fait votre image
D'après nature et sans fadeur;

Car le vrai seul est mon partage,
Et je ne suis point né flatteur.
Les grâces sont votre apanage,
Alors vous étiez en bas âge;
Le fruit n'étoit encor qu'en fleur,
Mais son éclat et sa couleur
Déjà m'étoient un sûr présage
De votre future grandeur,
Que de prévoir j'eus l'avantage
Et de prédire le bonheur.
J'ose donc au bas de la page
Me dire votre serviteur
Et toujours votre admirateur..

ÉPITRE

A MONSIEUR L'ABBÉ DE LA PORTE

Auteur de l'Observateur littéraire,
*et qui dans ses feuilles avoit pris le parti de l'auteur
contre Fréron*[1].

Tu pousses trop loin l'amitié,
Abbé, quand tu prends ma défense.
Le vil objet de ta vengeance
Sous ta verge me fait pitié;
Il ne faut point tant de courage,
Pour se battre contre un poltron,
Ni pour écraser un frelon,
Dont le nom seul est un outrage.
Un passant donne au polisson
Un coup de fouet sur le visage;
Ce n'est que de cette façon

---

1. Fréron, après avoir vanté les poésies de Lattaignant dans *l'Année littéraire,* en disait alors beaucoup de mal.

Qu'on corrige un tel personnage,
S'il pouvoit être corrigé.
Mais on le hue, on le bafoue,
On l'a mille fois fustigé ;
Il se carre encor dans la boue ;
Dans le mépris il est plongé,
Sur chaque théâtre on le joue,
Ne suis-je pas assez vengé ?

ÉPITRE

A MONSIEUR MARTINEAU

Qui avoit écrit à l'auteur au sujet de ses cantiques[1].

AMI, *je brave les critiques,*
Et me moque de leurs lardons ;
Je fais aujourd'hui des cantiques,
J'ai fait autrefois des chansons.
On a différentes pratiques,
Suivant les diverses saisons.
Tu verras ces censeurs femelles,
Qui blâment ma désertion,
Dès qu'elles ne seront plus belles,
Tomber dans la dévotion.

---

1. Les cantiques de Lattaignant durent avoir plusieurs éditions ; la bibliothèque de la ville de Soissons en possède une, intitulée : *Cantiques spirituels de Lattaignant, avec des airs notés, extraits des œuvres de l'auteur, dédiés à la Reine, nouvelle édition revue et augmentée.* Paris, Duchesne, 1762.

Hé! sans cela que seroient-elles?
Quelle triste condition!
Ne seroit-ce que pour le monde,
Il faut bien prendre ce parti,
Ou vivre comme enseveli
Dans une tristesse profonde.
Quels objets plus disgracieux,
Que vieux galant, vieille coquette!
Le Diable, quand il devint vieux,
Se fit lui-même anachorète.
D'ailleurs un si noble projet
Est à la mode et respectable :
Le galant, le gentil Gresset,
Auteur de Vert-Vert *perroquet,*
Vient de faire amende honorable [1],
Pourquoi l'en blâmerions-nous?
Les journalistes de Trévoux
En font un éloge admirable [2].
Il est vrai, le censeur Fréron,
Comme lui jadis leur confrère [3],

1. En 1759, sous l'inspiration de M. de La Mothe, évêque d'Amiens, Gresset fit imprimer une lettre dans laquelle il abjurait le culte de Thalie et exprimait *le regret de ne pouvoir point assez effacer le scandale qu'il avoit donné à la religion par ses comédies.* L'épître à M. Martineau est donc de 1759 ou 1760.

2. Les jésuites publiaient à Trévoux un journal littéraire connu sous le nom de *Mémoires de Trévoux.*

3. Gresset, élevé chez les jésuites d'Amiens, entra dans leur ordre à quinze ans, et le quitta dix ans après. Fréron, le fameux critique du xviiie siècle, avait aussi appartenu à cet ordre. Certaines fredaines l'obligèrent d'en sortir en 1739.

Daube son ancien compagnon
D'une assez piquante manière,
Et le fait passer pour un sot;
Mais sa plume vive et légère,
Plutôt que manquer un bon mot,
Tireroit sur son propre père.
La Porte, plus judicieux,
Paroît le traiter un peu mieux;
Ménageant l'homme de génie,
Il en juge avec équité.
Il l'approuve d'avoir quitté
Melpomène ainsi que Thalie;
Mais le blâme, quand il publie
Ce projet plein de piété,
Et dit, par fine raillerie,
Que cet acte d'humilité
N'a pas assez de modestie.
Peur de tomber dans cet écueil
Et d'être soupçonné d'orgueil,
Je n'affiche point ma retraite,
Et ne me crois pas un poète,
Assez célèbre, assez fameux,
Pour me donner pour dangereux.
J'ai fait jadis des chansonnettes
Et j'en ai reconnu l'abus;
Qu'ont fait de pareilles sornettes?
Ni bien, ni mal; n'en faisons plus,
Ou dans un modeste silence
Tâchons d'en faire pénitence.
Mais, à parler de bonne foi,
Tu te moques un peu de moi

Et tes conseils sont ironiques,
Quand tu prétends que tour à tour
Je compose dans même jour
Des madrigaux et des cantiques :
C'est donc pour doubler Pellegrin [1],
Qui prêtre ensemble et baladin,
Catholique autant qu'idolâtre,
Dînoit de l'autel le matin
Et le soir soupoit du théâtre.
Pour moi, je ne sais pas ainsi,
Au sacré mêlant le profane,
Prendre l'un et l'autre parti,
Ni prêcher ce que je condamne.
J'étois bonnement dans l'erreur,
Quand, l'esprit séduit par le cœur,
J'encensois de vaines idoles :
J'en ai connu la fausseté,
J'entrevois un peu de clarté,
Et, quittant les plaisirs frivoles,
Je cherche au moins la vérité.

1. Pellegrin (Simon-Joseph), né à Marseille en 1663, mort le 5 septembre 1745, fut religieux servite, aumônier de vaisseau et passa dans l'ordre de Cluny. N'ayant d'autres ressources que le produit de ses messes, ce singulier moine tenait à Paris boutique d'épigrammes, de madrigaux et de compliments qu'il vendait aux chalands. Il faisait aussi de nombreuses pièces de théâtre; mais les directeurs payaient peu largement ses œuvres, qui leur procuraient cependant d'assez fructueuses recettes.

ÉPITHALAME

*Pour M. de La Bove[1], âgé de vingt ans,
qui épousoit Mlle Le Doux, qui n'en avoit que seize.*

L'AMOUR avec l'*Hymen* son frère,
   Malgré les raccommodements
Que cent fois on leur a fait faire,
Disputoient comme à l'ordinaire
   Sur le sujet de deux amants,
   Qui tous les deux étoient charmants
Et dans l'âge heureux fait pour plaire.
« Quoi! disoit l'*Amour* en colère,
Quoi! vous voulez faire un époux
D'un aiglon qui sort de son aire,
Qui fait mon espoir le plus doux
Et tout l'ornement de Cythère?
   Pour cette nymphe, j'y consens,
   Et, quoique jeune, elle est nubile.

---

1. Caze de La Bove, petit-fils de M. de Boullongne.

Une fille l'est à douze ans,
Il ne vous est pas difficile
De l'unir convenablement
Avec un époux digne d'elle,
Mais qui pense plus mûrement,
Qui soit sensé comme elle est belle.
— Vous êtes un sot, mon ami,
Repartit l'Hymen son frère,
L'époux n'est point un étourdi ;
Il a fait preuve du contraire :
Allez à la cour de Thémis
Et demandez de ses nouvelles.
Il est aimé, chéri des belles,
Mais estimé de ses amis.
Il n'est indiscret ni volage ;
Il joint à tous les agréments,
Dont un mortel brille à son âge,
La raison et les sentiments
Du vieux druide le plus sage.
— Ça, ça, point de bruit, mes enfants,
Leur dit alors Vénus leur mère :
Pour cette fois-ci j'y consens,
Le cas est extraordinaire ;
Celui-ci sera le dernier. »
Voilà, si j'ai bonne mémoire,
A peu près tout leur plaidoyer.
Ne seroit-ce pas votre histoire ?

LES TOURTERELLES

*Allégorie à M. le prince de Condé[1],
après la petite vérole
de Mme la princesse qui avoit eu peur d'en être marquée.*

Une gentille tourterelle
Tomba malade dans son nid ;
Elle étoit tendre autant que belle,
Aimant fort son joli mari,
Qui n'étoit pas moins tendre qu'elle
Et méritoit d'être chéri.
Des suites de sa maladie
Elle craignoit d'être enlaidie
Et regrettoit fort sa beauté ;
Ce n'étoit point coquetterie,
On connoît trop sa modestie,

---

1. Louis-Joseph de Bourbon, prince de Condé, né à Paris le 9 août 1736, mort le 13 mai 1818. En 1753, il épousa Mlle de Rohan-Soubise, qui mourut le 5 mars 1760.

Sa candeur, son humilité,
Et l'on sait que la tourterelle
D'amour et de fidélité
Fut toujours le parfait modèle.
« Mon tourtereau m'a su charmer,
Disoit-elle au dieu de Cythère;
Je fais ma gloire de lui plaire
Et tout mon bonheur de l'aimer.
Mais je craindrois son inconstance,
Si ce mal altèroit mes traits,
Conserve mes foibles attraits;
Je mets en toi mon espérance. »
Voici ce que lui répondit
Son tourtereau qui l'entendit :
« Cesse, cesse une plainte vaine,
Qui ne pourroit que m'offenser.
L'amour a formé notre chaîne
Et rien ne sauroit la briser.
Sa main, avec des traits de flamme,
Trop profondément dans mon âme
A gravé tes aimables traits,
Pour pouvoir s'effacer jamais.
Tu connois mon ardeur extrême,
Compte sur ton cher tourtereau,
Et si je devenois moins beau,
Ne m'aimerois-tu pas de même?
Aimons-nous jusques au tombeau. »
A ces mots nos deux tourterelles
Se becquetèrent tendrement,
Par le battement de leurs ailes
Exprimant leur contentement,

*Et de leurs ardeurs mutuelles
Renouvelèrent le serment.
Couple respectable et charmant,
Dans ce portrait allégorique
Qu'a fait un peintre véridique
On vous reconnoît aisément,
Et d'autant plus facilement
Que le modèle étoit unique.*

PORTRAIT

DE LA

MARQUISE DE LA COUDRELLE

L'AUTRE *jour, de La Coudrelle*
Je commençois le portrait,
L'Amour vint à tire-d'aile,
Pour m'aider dans mon projet.
Lui-même sur ma palette
Vouloit broyer les couleurs;
Puis, tirant de sa pochette
Deux pinceaux garnis de fleurs,
Il me mit en mains ces armes:
« Ceci, mon cher, te suffit,
Dit-il, pour peindre les charmes
Tant du corps que de l'esprit.
— Non, dis-je, je te rends grâce
De tes pinceaux imposteurs.
Avec eux l'amant ne trace

Que portraits faux et flatteurs ;
La Coudrelle est assez belle,
Pour qu'on ne la flatte pas ;
Tout le monde voit en elle
Assez d'esprit et d'appas.
Sans emprunter le génie,
Le savoir et les talents
De Minerve ou d'Uranie,
Ni d'Hébé les agrémens,
Sans lui prêter la ceinture
De Vénus ni ses attraits,
Je ne veux d'après nature
Peindre que ses propres traits :
Sa taille est prise à merveille,
Son air noble et séducteur.
Ses propos charment l'oreille ;
Ses façons charment les cœurs ;
Les yeux sont pleins de finesse,
Son souris plein de douceur.
Dans son cœur est la sagesse,
Sur sa bouche est la candeur.
Tes pinceaux peuvent-ils faire
Un plus ressemblant portrait?
La Coudrelle a l'art de plaire :
C'est la peindre d'un seul trait. »

CHANSON

A LA MARQUISE DE THULLIÈRES[1]

Sur l'air : *Aux erreurs de l'espérance.*

Qu'une *dame de votre âge*
N'ait que d'innocents désirs
Et soutienne qu'en ménage
On goûte les vrais plaisirs,
Dieu! quel surprenant langage!
Mais je vous crois sans détour,
Quoique ailleurs le mariage
Soit le tombeau de l'amour,

---

1. Nous respectons l'orthographe de Lattaignant, mais cette chanson dut être adressée à la marquise *de Tillières*, fille de M. de Jonsac et d'une sœur du président Hénault, avec lequel le poète était très lié. Cette dame mourut de la poitrine à Paris, le 2 février 1757, ayant à peine trente-cinq ou trente-six ans, selon de Luynes (*Mémoires*, février 1757).

La vertu par vous chérie
Sous le lien conjugal,
Quand plus d'une autre l'oublie
Après le contrat fatal,
Mit en vous la complaisance,
Un esprit doux et flatteur,
Sans la moindre impatience,
Sans chagrin et sans humeur.

N'exigeant pour vôtre fête
Bijoux, bouquets ni présents,
Et ne chargeant votre tête
De pompons ni de rubans,
Docile au joug d'hyménée,
Méprisant tout autre don,
D'un époux toute l'année
Vous célébrez le renom.

Les flatteuses politesses
Que l'on vous fait chaque jour,
Les louanges, les caresses
N'ébranlent point votre amour.
Plus d'un soupirant en gronde
Et dans son brusque dépit,
Il se plaint à tout le monde
Du lien qui vous unit.

Vous n'avez point de caprices
Dont il puisse murmurer.
Pour lui, s'il avoit des vices,
Vous sauriez les tolérer,

Sans faire la souveraine.
Le devoir est votre loi,
Et méritant d'être reine,
Votre époux est votre roi.

On trouve en vous, quoique belle,
Plus de vertus que d'attraits,
Et d'une femme fidèle
L'honneur embellit les traits.
On suit un tout autre usage
A Paris comme à la cour ;
Mais chez vous le mariage
Est le trône de l'amour.

CHANSON

A LA MARQUISE DE LA COUDRELLE

Sur l'air des *Souhaits*.

QUAND *on aime à la folie,*
Quels souhaits ne fait-on pas!
Il n'est rien dont on n'envie
La fortune ou le trépas :
On voudroit être cuvette,
Serin, pantoufle, bouquet,
Jarretière ou collerette,
Petit chien ou perroquet.

Que ne suis-je quelque chose
Que touche ta blanche main!
Que ne suis-je cette rose
Que tu places dans ton sein!
Que ne suis-je cette puce,
Qui t'irrite quelquefois,
Qui si librement te suce
Et qui meurt entre tes doigts.

CHANSON

A MADAME DE NOAILLES[1]

Sur l'air : *Ça fait toujours plaisir.*

L<small>E</small> *respect et l'estime*
M'empêchent de nommer
La beauté qui m'anime,
Et que tout doit aimer.
Je consens qu'on devine
A ma façon d'agir
Quelle est mon héroïne :
Ça fait toujours plaisir.

D'un aveu téméraire
Elle peut s'offenser ;
Je crains de lui déplaire,
Comme de la blesser.

1. Cette chanson fut faite chez M. de Boullongne, à la Chapelle-Godefroy, en 1764.

Je retiens par prudence
Jusqu'au moindre soupir.
Je l'adore en silence :
Ça fait toujours plaisir.

Je ne crains auprès d'elle
Ni rivaux, ni jaloux,
Ni les soins, ni le zèle
D'un trop heureux époux.
Je vois sans jalousie
Les baisers de Zéphir,
Elle en est embellie :
Ça fait toujours plaisir.

Le matin, c'est l'Aurore,
Que je crois voir lever ;
Dans un jardin, c'est Flore,
Que je crois y trouver.
Tout, quand elle est absente,
M'en fait ressouvenir
Ou me la représente :
Ça fait toujours plaisir.

Qu'une beauté nouvelle
Se présente à mes yeux,
J'en fais le parallèle
Et nulle autre n'est mieux.
La nuit, quand je sommeille,
Je pense la servir,
Et quand je me réveille,
Ça fait toujours plaisir.

C'est une voix si tendre,
Ce sont de si beaux yeux,
Que la voir et l'entendre
Enchanteroit les Dieux.
Sans chercher à séduire,
Et sans y consentir,
Elle charme, elle inspire :
Ça fait toujours plaisir.

ÉPIGRAMME

CONTRE FRÉRON

Quand *je vois Fréron obstiné*
A décrier le grand Voltaire,
Je crois voir un taon acharné
Sur la croupe d'un dromadaire.

DÉPIT

J'AI *pendu ma lyre au croc;*
 L'Amour, ce petit escroc,
Qui pour cent et cent coquettes
M'inspira des chansonnettes,
N'a plus de droit sur mon cœur.
J'abjure ma folle erreur,
A la raison je me livre,
C'est elle que je veux suivre;
Il en est temps ou jamais,
Mon hiver suit de trop près,
Songeons à plier bagage
Et tâchons de faire usage
De ces moments précieux,
Que la clémence des Dieux,
Pour en profiter, nous laisse.
Venez, divine sagesse,
Venez dessiller mes yeux;
Rompez ces liens honteux,
Où je trouvois tant de charmes

Et source de mille alarmes.
Fuyez, frivoles beautés,
De qui mes sens enchantés
Faisoient autant de déesses,
Sirènes enchanteresses,
Dont les faveurs m'ont coûté
Biens, honneur, repos, santé.
Déserteur de votre empire
Et confus de mon délire,
Je reprends ma liberté.

LETTRES INÉDITES

DE LATTAIGNANT

LETTRE

DE L'ABBÉ DE LATTAIGNANT

AU MARÉCHAL DE SAXE

Sur la journée de Rocoux [1].

MONSEIGNEUR,

LES *grands hommes qui ne sont occupés que de grandes choses ne laissent pas de s'amuser quelquefois à de petites. D'ailleurs les héros et les belles ont reçu de tous temps les hommages et les vers de nos auteurs tant bons que mauvais. C'est ce qui fait justement*

---

1. La bataille de Rocoux, près de Liège, fut gagnée contre les Autrichiens par le maréchal de Saxe, le 11 octobre 1746. — Cette lettre et les suivantes sont extraites d'un manuscrit appartenant à la bibliothèque de la ville de Reims et de la main du comte de Montfort, ami de Lattaignant. Le manuscrit de M. de Montfort, in-4° de 651 pages, sur deux colonnes, dédié à la comtesse de Léry, a pour titre : *Poésies diverses*,

qu'il vous plaira recevoir ces petits vers, d'un très petit chansonnier, faits en l'occasion de votre dernière victoire et chez une des plus aimables demoiselles de notre province, que vous honorez de vos bontés. Vous nous avez fait chanter tant de Te Deum *à nous autres chanoines qu'un d'entre eux peut bien vous faire chanter trois petits couplets de sa façon.*

J'ai l'honneur d'être avec autant d'admiration que de respect, Monseigneur, etc.

L'ABBÉ DE LATTAIGNANT.

Air de *l'Éloge de la coquetterie.*

Heureux favori de l'amour
    Ainsi que de Bellone,
Que l'un et l'autre tour à tour,
    Maurice, te couronne,
Quel héros plus galant que toi !
    Quelle valeur plus rare !
Quel ami plus digne du roi
    De France et de Navarre !

Reviens, trop aimable guerrier,
    Pour qui Mars se déclare ;
Viens joindre à ton nouveau laurier
    Le myrte de Navarre :

1736-1760. Les 311 premières pages renferment des épîtres et des chansons de Lattaignant. La plupart de ces œuvres ont déjà été publiées ; nous en avons donné les plus curieuses ; le reste intéresserait peu le lecteur. Sur les 240 autres pages de son manuscrit, le comte de Montfort a copié des poésies de Voltaire, du président Hénault, du cardinal de Bernis, etc.

Hercule, dont tu suis les pas,
    Que ta valeur égale,
Vainqueur au retour des combats,
    Soupira près d'Omphale.

Ton amante a tous les appas
    De cette aimable reine;
Comme toi le cœur et le bras
    Du brave fils d'Alcmène;
Triomphez tous deux en ces lieux
    Par différentes armes :
Toi, par tes exploits glorieux;
    Navarre, par ses charmes.

RÉPONSE

DU MARÉCHAL DE SAXE

A L'ABBÉ DE LATTAIGNANT

DE toutes les choses obligeantes que j'ai reçues sur la journée de Rocoux, rien ne me flatte si agréablement, Monsieur, que la lettre que vous m'avez fait l'honneur de m'écrire. La jolie chanson qui l'accompagnoit sera conservée avec soin dans mes archives galantes; je vous promets même que la première affaire où je commanderai, je donnerai Navarre pour cri de guerre ou de ralliement. Je soupe ici quelquefois avec d'assez jolies personnes qui ont des talents. Je leur ai donné votre chanson ou plutôt la mienne. Elles n'en ont pas compris le sens et la chantent à tue-tête; cela m'amuse assez, car le beau sexe se doute aisément de pareilles affaires. Si la belle Omphale vouloit deviner, il ne lui seroit pas difficile de s'apercevoir que mon instinct m'entraîne sans cesse vers elle.

Êtes-vous donc condamné à réciter sans cesse des hymnes à Reims ? vous y êtes selon moi très déplacé. Adieu, soyez persuadé, etc.

LETTRE

DE L'ABBÉ DE LATTAIGNANT

A MADEMOISELLE DE NAVARRE

En lui envoyant la précédente.

Prenez part à ma gloire, Mademoiselle, comme je l'ai prise à la vôtre. Je viens de recevoir la lettre du monde la plus obligeante de la propre main de notre grand général, de cette même main qui gagne des batailles, qui renverse les murs de nos ennemis, de la main du premier homme de l'Europe, et de cet homme si grand qui peut bien faire des jaloux, mais qui ne sauroit avoir de rivaux, que ceux que vous lui faites. Je vous envoie copie de sa lettre. Je ne m'exprimerois pas si bien que lui. Il écrit comme il combat, il est aussi poli que galant, et aussi galant que brave. C'est à vous, Mademoiselle, que je dois cette grâce qu'il m'a faite, et je vous en remercie; c'est votre nom qui a fait valoir auprès de lui-mes petits vers. C'est le nom qu'il promet de faire, à la première bataille qu'il donnera, et par conséquent la première victoire qu'il remportera, le cri de guerre et de ralliement. Notre aimable héros enchérit encore sur ce que je vous avois prédit dans mes vers, que vous triompherez toujours par différentes armes. Ce n'est pas que vous soyez vainqueurs séparément ; il veut que vous triomphiez ensemble, et qu'il soit dit que le nom mystérieux que vos rivales chantent, sans l'entendre, ait commencé avec le sien à redoubler l'ardeur des soldats, qu'il guide et qu'il anime.

Ménagez-moi le plaisir de vous voir réunis à Paris et soyez persuadée, etc., etc.

RÉPONSE

DE MADEMOISELLE DE NAVARRE

A L'ABBÉ DE LATTAIGNANT

Je *ne m'attendois pas, Monsieur, à un aussi joli réveil; recevoir une lettre de vous, en lire une charmante de M. le maréchal de Saxe est une bonne fortune qui m'enchante. Je vous avoue que, s'il avoit écrit tant de jolies choses à tout autre qu'à vous, j'en serois jalouse; mais je ne me livrerai pas à ce sentiment, il me mèneroit trop loin vis-à-vis de vous et de lui, et j'aime mieux partager vos plaisirs que de vous les envier. Ne faites point honneur à mon nom de la réponse, notre aimable héros connoît aussi bien le Parnasse que le champ de Mars, vos vers n'ont nul besoin d'apprêt; son goût seul vous a servi.*

Je suis, Monsieur, etc., etc.

TABLE DES MATIÈRES

	Pages.
NOTICE SUR LA VIE ET LES ŒUVRES DE L'ATTAIGNANT	1

ÉPITRES.

A Madame Sanson	5
A Monsieur Poncet de La Rivière	9
A Monsieur l'abbé Guéret	12
A Madame Sainte-Placide	14
A Julie	17
A la même, pour le jour de l'an	21
A Madame de La Martelière	24
A Mademoiselle de Navarre	26
A la même	29
A Madame la baronne de Bazoches	32
A la même	36
A un Ami, sur l'amour	41

	Pages.
Au roi de Prusse.	44
A Madame de Graffigny.	46
A Monsieur Ninnin.	49

CHANSONS.

Portrait de Mademoiselle Mabert.	59
A une Dame, sur ce qu'elle paroissoit fâchée de n'avoir point d'enfants.	63
A Madame ***.	65
L'Usurier en amour.	68
Bouquet à Monsieur de Beaufort.	70
Sur la Goutte.	72
Pour Monsieur le duc de Richelieu et Madame de La Martelière.	74
Maximes de coquetterie.	76
Les Époux indiscrets.	79
A Mademoiselle Clairon.	81
A Madame Caulet.	84
A la même.	87
Au sujet d'une fête que l'auteur donnoit à son prieuré de Saint-Jacques-de-l'Hermitage.	88
Sur le même sujet.	90
Couplets pour être mis à la suite d'une comédie intitulée *les Héritiers*.	92
Les Souhaits.	95
La Chasse.	97
L'Amitié.	101
Le Petit Collet.	103
La Critique.	105
Les Pantins.	107
Le Coq.	111
L'Éloge des vieux.	112

La Mort chrétienne. 115
Adieux au Monde. 117
A Madame L. B. D. B., pendant qu'elle dormoit . . 119

PIÈCES DIVERSES.

Épigramme à Madame d'Hérouville. 125
Épithalame. 127
Rondeau. 131
Ode à sa maîtresse 132
Ode à Bacchus. 135
Portrait de Madame de Pouilly. 138
Portrait de Mademoiselle Gaussin. 140
Portrait de la comtesse Sabattini 142
L'Hermaphrodite. 144
Stances à Mademoiselle de Marville 146
Stances sur la même. 148
Réflexions sérieuses 150
Vers que fit l'auteur, un jour qu'une nombreuse compagnie étoit venue lui demander à dîner 155
Le Plaisir 157
Le Portrait 159
Musette. 161
Les Amants aisés. 163
Le Villageois qui cherche son veau 165
La Feuille à l'envers 167
Le Cabinet du philosophe 169
Tronchinade 173

PIÈCES INÉDITES.

Épître à Monsieur de La Goille 179
Épître à la Marquise de Pompadour. 181

Table des matières.

	Pages.
Épître à Monsieur l'abbé de La Porte	183
Épître à Monsieur Martineau	185
Épithalame	189
Les Tourterelles	191
Portrait de la Marquise de La Coudrelle	194
Chanson à la Marquise de Thullières	196
Chanson à la Marquise de La Coudrelle	199
Chanson à Madame de Noailles	200
Épigramme contre Fréron	203
Dépit	204

LETTRES.

Lettre de Lattaignant au Maréchal de Saxe	209
Réponse du Maréchal de Saxe	212
Lettre de Lattaignant à Mademoiselle de Navarre	214
Réponse de Mademoiselle de Navarre	216

Achevé d'imprimer

par

LE 16 MAI 1881

www.ingramcontent.com/pod-product-compliance
Lightning Source LLC
Chambersburg PA
CBHW050644170426
43200CB00008B/1149